R. T. KENDALL

Miedo

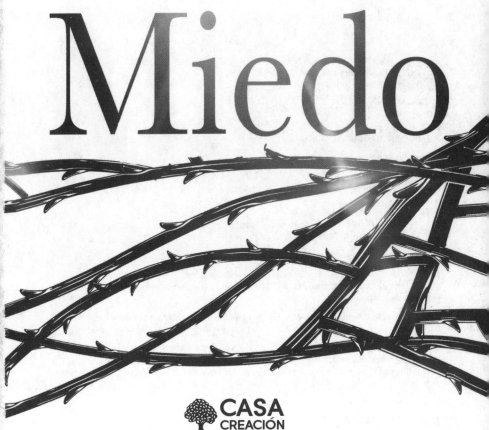

**CASA
CREACIÓN**
Para vivir la Palabra

Para vivir la Palabra

MANTÉNGANSE ALERTA;
PERMANEZCAN FIRMES EN LA FE;
SEAN VALIENTES Y FUERTES.
—1 Corintios 16:13 (NVI)

 Miedo por R. T. Kendall
Publicado por Casa Creación
Miami, Florida
www.casacreacion.com
©2024 Derechos reservados

ISBN: 978-1-955682-99-2
E-Book ISBN: 978-1-960436-26-9

Desarrollo editorial: *Grupo Nivel Uno, Inc.*
Adaptación de diseño interior y portada: *Grupo Nivel Uno, Inc.*

Publicado originalmente en inglés bajo el título:
Fear
Charisma House
600 Rinehart Road, Lake Mary, Florida 32746
Copyright © 2022 by R. T. Kendall

Visite la página del autor: www.rtkendallministries.com.

Todos los derechos reservados. Se requiere permiso escrito de los editores para la reproducción de porciones del libro, excepto para citas breves en artículos de análisis crítico.

A menos que se indique lo contrario, los textos bíblicos han sido tomados de la Santa Biblia, Nueva Versión Internacional® NVI® ©1999 por Bíblica, Inc.© Usada con permiso.

Nota de la editorial: Aunque el autor hizo todo lo posible por proveer teléfonos y páginas de internet correctos al momento de la publicación de este libro, ni la editorial ni el autor se responsabilizan por errores o cambios que puedan surgir luego de haberse publicado.

Impreso en Colombia

24 25 26 27 28 LBS 9 8 7 6 5 4 3 2 1

Contenido

Prólogo

En 2005, estaba hojeando un catálogo de la distribuidora de libros cristianos y vi un título intrigante, *En busca de su gloria*, escrito por R. T. Kendall, un hombre del que nunca había oído hablar. Eso despertó mi curiosidad, pues es exactamente lo que mi corazón desea: glorificar a Dios con la vida que llevo. Leí el libro y me impresionaron las historias de RT, que era pastor en la prestigiosa Westminster Chapel [Capilla de Westminster], en Londres. Su cruda sinceridad y su integridad me animaron e inspiraron. Las cosas que aprendió y las que haría de nuevo tocaron las fibras de mi corazón.

Decidí que RT era alguien a quien quería invitar a predicar en la congregación Island Church, así que lo contacté y lo invité a visitarnos. Su primera visita, en 2005, fue asombrosa cuando predicó sobre el perdón total. Así comenzó una amistad con RT y su esposa —Louise—, que Jenni —mi esposa— y yo valoramos hasta este día. Hemos tenido la bendición de darle la bienvenida a RT y Louise en nuestra congregación Island Church, cada año desde aquel memorable domingo 17 de julio de 2005. Por lo tanto, he leído todos los libros de RT y siempre espero con ansias las ideas y revelaciones que comparte desde la profundidad de su experiencia en la vida cristiana y su amor por Dios y su pueblo.

El temor de Dios ha desaparecido de la grey occidental. Las iglesias que se centran en programas, más que en la presencia de él, no saben de lo que hablas cuando mencionas el temor de Dios.

Asumen que te refieres a la modificación del comportamiento en lugar de una respuesta del corazón a la grandeza de Dios. Con iglesias perdidas en la confusión de hacer ministerio en vez de disfrutar estar en su presencia, el asombro y la maravilla de Dios han sido relegados a una era pasada y el temor de Dios reducido a una Deidad que no conocen.

Este libro, *Miedo*, es un clásico de R. T. Kendall escrito con una precisión instigadora, justo como el cirujano que usa hábilmente sus instrumentos. RT busca despertar a la iglesia ante el asombro y la maravilla de nuestro Dios majestuoso y santo con el fin de ayudarnos a estar listos para el día en que estemos ante él. Usando ejemplos personales de sus propios fracasos y éxitos, este libro es una invitación a profundizar en tu caminar con Dios, un Dios que anhela una relación con nosotros, que ha preparado una mesa para que comamos, que ha dispuesto más para nosotros de lo que podríamos pedir, pensar e incluso imaginar. Tener un temor saludable de Dios nos hará madurar al punto que nos dispongamos a experimentar su gloria y una revelación de su magnífica bondad.

Muchos de los libros que tengo de RT están firmados con Juan 5:44 como un versículo alentador. RT ha tratado vivir de una manera que honre y glorifique a Dios. Siempre busca la opinión de Dios (gloria, *doxa*) acerca de su vida. Dios ha designado un día para cada ser humano en que estaremos ante él y rendiremos cuentas de nuestros hechos; en ese momento dará su opinión sobre las vidas que hemos llevado. Todos oramos esperando escuchar la siguiente opinión de Dios: "Bien hecho, buen siervo fiel. Entra en el gozo de tu Maestro".

El temor al hombre (un mal temor), por otro lado, es una trampa enorme en la que muchos caen. Es más, ese temor paraliza a las personas y las hace sentir impotentes, haciéndolas ceder ante las presiones de lo que piensan los demás. He sido una de esas víctimas y puedo asegurarte que no es un buen escenario en el cual vivir. Como RT, solía pescar halagos, esperando que alguien dijera algo que me motivara.

En nuestro mundo de COVID-19, el temor a lo que otros piensen se ha elevado a nuevas alturas, capturando a muchos en su trampa. El temor al hombre se manifiesta de muchas maneras, haciendo que sus víctimas sucumban a mentiras que insensibilizan sus corazones ante la realidad de las grandes y preciosas promesas de Dios. RT ayuda hábilmente a aquellos que están atrapados a escapar y vivir en las promesas de Dios, enfocándose en la realidad eterna.

¡Estamos en guerra! En marzo de 2020 todo se intensificó. Jesús vuelve a venir pronto y el diablo está tan furioso que ha desatado, sobre la humanidad, un grado de guerra espiritual nunca antes visto. Su objetivo es hacer que muchos pierdan la esperanza, la fe y el amor; y su misión es robar, matar y destruir.

Muchos, lamentablemente, han cedido a sus ataques, se han inclinado ante su miedo y se han alejado de la fe. El aislamiento es su objetivo y es lo que realmente hace daño. Solos, perdemos la esperanza. Solos, nuestra fe se debilita. Solos, nuestro amor por Dios y por los demás se desvanece. Necesitamos reunirnos como una iglesia sin miedo, para alabar a Dios y amar a los demás. El diablo teme a la iglesia reunida, por lo que hace todo lo posible para impedir que estemos juntos.

Vivir en el temor de Dios ahora me prepara para el día en que estaré ante nuestro glorioso Salvador. Anhelo que este libro te vuelva a inspirar a vivir para la gloria de Dios, tal como me ha inspirado a mí.

—PASTOR GRANT BREWSTER
ISLAND CHURCH
BAINBRIDGE ISLAND, WASHINGTON

MIEDO

Prefacio

El bueno, el malo y el feo fue una película muy popular. La estrella, Clint Eastwood, interpreta el papel de alguien que —en efecto— no era un hombre muy bueno; pero solo comparado con el hombre malo —interpretado por Lee Van Cleef— y el hombre feo, representado por Eli Wallach. Aunque las comparaciones son molestas, solicito indulgencia por tomar prestado el famoso título de esa película para demostrar tres tipos de temores: el miedo a Dios (el bueno), el temor al hombre (el malo) y el miedo satánico (el feo).

Quiero decir, ante todo, que he orado por ti. He orado para que todos los que lean este libro tengan la protección que viene de la aspersión de la sangre de Cristo (1 Pedro 1:2; Hebreos 12:24). Me gustaría pensar que al diablo no le agradan todos mis libros, pero puedo asegurarles que este no le gustará, especialmente la tercera sección.

He orado para que Dios me permita escribir este libro como si fuera el único... y el último. Reconozco que tiendo a pensar que este es el más importante. Pero, por favor, entiende que el tema es muy serio aunque muy oportuno. Oro para que te cautive como a mí.

Dedico esta obra a la memoria del Dr. Gene E. Phillips, mi primer pastor. Como leerán a continuación, su influencia en mí cuando era niño fue profunda. Resulta que su hijo, el Dr. Gene C. Phillips, fue mi primer amigo y ciertamente el más antiguo

9

además. Siguiendo los pasos de su padre, también se convirtió en pastor de la Iglesia del Nazareno. Ambos tenemos ochenta y seis años. Tuve el privilegio de leerle —por teléfono— las palabras iniciales de este libro a "Genie", como lo llamaba. Confío en que lo bendecirá a él y a todos los que lean lo que sigue.

Agradezco al equipo editorial que contribuyó en la publicación de esta obra, por permitirme hacer otro libro con Casa Creación. Sobre todo, agradezco a Louise —mi mejor amiga y crítica— por su aliento.

—R. T. KENDALL
NASHVILLE
AUGUST 2021

Introducción

Tuve una ventaja inicial en lo referente al temor del Señor. Entre mi entorno familiar y el eclesiástico, recibí una doble dosis de lo que es el temor a Dios.

También recuerdo la famosa cita de William Booth (1829-1912), fundador del Ejército de Salvación:

> Considero que los principales peligros que enfrentaremos el próximo siglo serán la religión sin el Espíritu Santo, el cristianismo sin Cristo, el perdón sin arrepentimiento, la salvación sin regeneración, la política sin Dios y el cielo sin infierno.

En la introducción de su libro *El infierno de Dios*, William Booth se refirió a su discurso a la primera clase graduanda de oficiales del Ejército de Salvación. Declaró que quizás debió disculparse por haberlos retenido durante dos años para enseñarles cómo ganar un alma para Jesucristo. Habría sido mejor, dijo, si hubieran "pasado cinco minutos en el infierno".

Mi iglesia en Ashland, Kentucky (Iglesia del Nazareno), nació del tipo de predicación que habría bendecido a William Booth. Me crié con esa clase de teología, incluida la predicación sobre el infierno. Jesús habló más sobre el infierno que sobre el cielo, como también lo hacía mi antigua iglesia. A menudo, me he preguntado si el ambiente de mi vieja congregación en Ashland fue el último vestigio del histórico Avivamiento de Cane Ridge (que mencionaré más adelante), a unos ciento sesenta kilómetros de distancia.

Recuerdo vívidamente un acontecimiento que ocurrió cuando tenía siete u ocho años. Estábamos saliendo de la iglesia, después de nuestra reunión de oración del miércoles por la noche, en la Primera Iglesia del Nazareno en Ashland. Nuestro pastor era el reverendo Gene Phillips. Desde que tengo memoria, recuerdo que cada vez que lo escuchaba predicar, una sensación del temor de Dios me embargaba. Ese miércoles, cuando volvimos a casa, noté que la luna llena estaba roja. Entonces mi padre dijo: "Cuando la luna está del color de la sangre es una señal de la segunda venida". Se refería a versículos bíblicos como los que dicen: "la luna se convertirá en sangre" (Hechos 2:20; Apocalipsis 6:12). Temía que la segunda venida ocurriera en cualquier momento y yo no estuviera listo.

Estaba aterrorizado. No pude dormir esa noche hasta que confesé todos mis pecados a Dios. No recuerdo cuáles eran esos pecados, pero eran reales para mí en aquel momento. Cuando los confesé, tuve paz y me dormí. La verdad es que la luna esa noche de miércoles tenía el color de la sangre debido a la cercana fábrica de acero de Armco; el humo de los hornos hacía que el color de la luna cambiara a rojo por alguna razón. Aun cuando no había nada sobrenatural en el color de la luna, estoy agradecido por la conciencia tierna que tuve. Aunque ahora tengo plena seguridad de mi salvación, oro para que nunca pierda el temor de desagradar al Señor. Pablo nos exhortó a "examinar qué es lo que agrada al Señor" (Efesios 5:10). Enoc tuvo el "testimonio de haber agradado a Dios" antes de que fue trasladado al cielo (Hebreos 11:5). Agradezco *mucho* no haber superado ese deseo (hasta ahora).

Todavía pienso en mis antecedentes nazarenos. El Dr. Martyn Lloyd-Jones, uno de mis predecesores en la Capilla de Westminster, solía instarme: "No olvides tu origen nazareno, eso es lo que te ha salvado". Él había leído la biografía de Phineas Bresee (1838-1915), fundador de la Iglesia del Nazareno, y captó cierta autenticidad entre los nazarenos. Al decir: "Eso es lo que te ha salvado", no se refería a cómo fui salvo, sino que lo comparó con tantos otros ministros reformados que —según él— eran "perfectamente ortodoxos, perfectamente inútiles". Aquí tenemos una de las grandes diferencias entre los nazarenos antiguos y algunas de las iglesias con las que me he encontrado: crecí con un ardiente deseo de agradar al Señor. Por supuesto, no soy juez de nadie, pero temo que este deseo de agradar a Dios esté ausente en muchos lugares hoy en día.

Cuando tenía quince años, tuvimos un evangelista invitado en nuestra iglesia, el Dr. W. M. Tidwell. Aunque era un poco excéntrico, también fue una leyenda en el movimiento nazareno. (Cuando fui a estudiar a Trevecca Nazarene College unos años más tarde, mi dormitorio se llamaba Tidwell Hall, en su honor). El último domingo por la mañana de las dos semanas de reuniones que tuvo en Ashland, me sacaron de la clase de escuela dominical que precedía al servicio principal. El Dr. Tidwell quería verme. Dijo que planeaba predicar sobre la parábola del hombre que "no estaba vestido de boda" y que luego fue atado "de pies y manos", y "echado en las tinieblas de afuera", donde "habría llanto y crujir de dientes" (Mateo 22:13, RVR1960). Quería usarme como una ilustración visible. En cierto momento de su sermón, haría una señal para que me sentara frente a la congregación. Después, cuatro hombres que estaban allí —para ilustrar el resto de la parábola— habían sido designados para atar mis manos y mis pies para luego llevarme por el pasillo central al exterior de la iglesia, como ejemplo del hombre de la parábola que no tenía la vestidura de boda y fue enviado a las tinieblas de afuera.

Poco después, la gente hablaba de la solemnidad que se apoderó del servicio. Excepto, quizás, una persona; una adolescente,

Patsy Branham. Mi madre, que se sentó cerca de ella, recordó especialmente que Patsy fue irreverente e irrespetuosa, incluso se estuvo burlando durante la predicación y se rio de mí mientras los cuatro hombres me arrastraron fuera de la iglesia. Luego, entre tanto se cantaba un himno de invitación, el viejo Dr. Tidwell pidió que se detuviera el canto. "Alguien que está aquí, está recibiendo su llamado final", dijo mientras la congregación se ponía de pie. Se negó a concluir el servicio y lo dejó en manos del pastor, que tampoco quiso terminar la reunión. Las personas se sentaron y poco a poco se levantaron, hasta que se fueron a sus casas.

Al día siguiente, cuando volvía a mi hogar tras despachar el periódico *Ashland Daily Independent,* lo que hacía todos los días, mi madre me esperaba en el porche delantero.

—¿Oíste lo de Patsy? —preguntó con angustia y bañada en lágrimas.

—No, ¿qué quieres decir? —pregunté.

—Patsy murió, hace una hora, mientras volvía a casa de la escuela.

Un auto, a alta velocidad, chocó contra otro vehículo; el que se desvió hacia la acera y arrolló a Patsy, que murió al instante.

Conocía a Patsy. Quedé pasmado. Ella solo tenía dieciséis años. ¿Responsabilizaría Dios a una tierna chica adolescente por su actitud y sus acciones? ¿No hemos sido todos culpables del mismo tipo de burla en un momento u otro? ¿Por qué el Espíritu Santo instaría al Dr. Tidwell a afirmar: "Alguien que está aquí, está recibiendo su llamado final" (con lo que quiso decir que esa era la última oportunidad de responder positivamente a la invitación de Dios para ser salvado)? ¿Estaba Patsy siendo señalada? ¿Estaba Dios realmente diciéndonos a todos que alguien de los presentes iba a perderse si no respondía? Desde entonces, muchas veces me he hecho preguntas como esas.

La respuesta es sí. En vez de discutir con Dios, me inclino por esta verdad:

"Porque mis pensamientos no son los de ustedes ni sus
caminos son los míos", afirma el Señor. "Mis caminos
y mis pensamientos son más altos que los de ustedes;
¡más altos que los cielos sobre la tierra!".

—Isaías 55:8-9

Agregaría lo siguiente: un último o final llamado implica que
uno ya había sido advertido.

Un buen número de personas fue espontáneamente a la iglesia
el siguiente lunes por la noche, solo para estar juntos. Todos estaban sobrios y en silencio. Todos pensaban lo mismo, recordando
la advertencia del viejo Dr. Tidwell: "Alguien que está aquí, está
recibiendo su llamado final".

Esa ocasión tuvo un efecto en mí hasta el día de hoy, nunca me
he recuperado de eso completamente. Por extraño que parezca,
entre el impacto de ese servicio dominical dirigido por el Dr.
Tidwell y la predicación e influencia de Gene Phillips, nunca he
perdido la sensación del temor del Señor. Siempre que regreso
a Ashland, paso por la calle 25 y la avenida Montgomery para
echar un vistazo a la esquina donde Patsy murió.

En cuanto a que Patsy Branham fuera llevada repentinamente
después de ser advertida en aquel servicio de la iglesia, lo que pareció extraño e injusto para algunos, tengo la misma pregunta que me
planteo acerca de los pecados del rey Saúl y el rey David. A Saúl se
le castigó por abusar simplemente de la ley ceremonial respecto a
las ofrendas quemadas, las cuales no se suponía que ofreciera. Dios
lo rechazó desde ese momento (1 Samuel 13:8-14). Su vida después
de eso fue horrible y terminó en tragedia (1 Samuel 31:4-6). El rey
David, por otra parte, cometió adulterio con Betsabé. Ella quedó
embarazada. Luego, David mató al esposo de ella —Urías— para
encubrir su pecado (2 Samuel 11). Eso me parece mil veces peor
que el pecado de Saúl. Pero David fue perdonado y restaurado, y
siempre fue considerado como el principal rey de Israel.

Sin embargo, hace mucho tiempo, decidí no cuestionar las maneras de Dios. Ciertamente no entiendo muchas de ellas. Pero me inclino ante él. De esto último, nunca me he arrepentido. Por otro lado, conozco personas que cuestionan las formas de actuar de Dios con ira y amargura, que se atreven a negar la verdad de la Biblia. Y luego he visto su fin, casi siempre terminan en tristeza. He observado a aquellos que llegaron al seminario creyendo en la Biblia, pero luego abrazaron el existencialismo. Ninguno de los que conozco de ellos, tuvo éxito en el ministerio; es más, muchos lo abandonaron.

OPTÉ POR EL TEMOR DEL SEÑOR

La iglesia actual, en general, está perdiendo a sus jóvenes por cientos de miles. La edad en la que comienzan a abandonar la fe es alrededor de los dieciséis años. Muy pocos chicos, criados en la iglesia, permanecen en ella hoy. ¿Por qué? Porque no hay temor de Dios. Si supieran cuánto se enoja Dios por su burla y su frivolidad, cambiarían de actitud.

Me di cuenta de que los jóvenes de mi antigua iglesia en Ashland, que eran de la misma edad y generación de Patsy, *permanecieron en la iglesia*. Continuaron andando con el Señor. La mayoría de ellos ya está en el cielo. Soy el único (que sepa) que todavía está vivo. No recuerdo a nadie, joven ni viejo, que haya abandonado la iglesia a causa de la advertencia del Dr. Tidwell o de la muerte repentina de Patsy. Todo lo contrario. Además, la hermana de Patsy siguió al Señor y luego se casó con un hombre que se convirtió en ministro nazareno. El propio padre de Patsy se convirtió a Cristo después de que Patsy falleció.

Mientras asistí a la escuela secundaria en Ashland, parte de nuestra lectura incluía una sección del sermón de Jonathan Edwards (1703-1758) titulado: "Pecadores en las manos de un Dios airado". Algunos de los estudiantes se burlaban al leer ciertas líneas, como por ejemplo una que dice: "No estás en el infierno por la misericordia de Dios". Pero nadie se rio en la iglesia congregacional de Enfield, Connecticut, el 8 de julio de 1741. Tomando su texto de Deuteronomio 32:35, que afirma: "A su debido tiempo, su pie resbalará", Edwards leyó su sermón en un manuscrito. No tenía oratoria ni atraía. Pero la gente comenzó a gemir y a lamentarse. Edwards trató de que se callaran pero, para al momento de finalizar, muchos se aferraban a los bancos de la iglesia para no *deslizarse* al infierno. Tan grande fue el poder del Espíritu, que se veía a muchos hombres fuertes aferrándose a los troncos de los árboles que estaban alrededor de la iglesia para no deslizarse al infierno.

La noticia del sermón y su efecto se propagó por toda Nueva Inglaterra en pocos días. Se difundió por toda Inglaterra en semanas. Edwards intentó predicarlo nuevamente en su propia iglesia en Northampton, Massachusetts. Pero no pasó nada, en absoluto. *Dios solo lo hizo una vez.* Una vez fue suficiente para estremecer Nueva Inglaterra. Eso es lo que muchos piensan cuando reflexionan en el Gran Avivamiento (1735-1750). Investigaciones serios han demostrado que el Gran Avivamiento condujo a la Declaración de Independencia en 1776.

Uno solo puede preguntarse cómo será cuando estemos ante Dios, en el tribunal de Cristo, para rendir cuentas de nuestras vidas, incluidas las obras hechas en el cuerpo (de acuerdo a lo que dice Pablo en 2 Corintios 5:10). Es más, un predicador metodista se paró sobre un árbol caído un domingo por la mañana, el 8 de agosto de 1801, y tomó 2 Corintios 5:10 como su texto base ante quince mil personas. El temor de Dios que se manifestó entre ellos fue tan fuerte, que cientos de personas cayeron espontáneamente al suelo. Nadie había orado para que esa gente cayera o se "desmayara", como dijeron algunos en ese entonces. Nadie los empujó. Entre ese domingo y el miércoles nunca hubo menos de quinientas personas postradas en el suelo. Pero salían de eso en horas, gritando con la seguridad de la salvación. Sus voces se podían escuchar a un kilómetro de distancia. Lo llamaron "el sonido del Niágara", y fue conocido como el Avivamiento de Cane Ridge, que fue el segundo gran despertar de Estados Unidos de América. Ambos avivamientos se caracterizaron por un énfasis escatológico.

Louise y yo hemos visitado el lugar, en Enfield, cuatro veces. Nos desviamos de nuestro camino, y manejamos dos horas, solo para pararnos y arrodillarnos en el terreno vacío donde estaba ubicada la iglesia original en Enfield, frente a la escuela Montessori. Allí oramos: "Oh Señor, hazlo de nuevo".

Desearía poder testificar que he visto la evidencia del temor de Dios manifestada a lo largo de mi ministerio. No he podido hacerlo. Por esa razón, en cierto modo, me siento turbado al escribir este libro. Con gusto me haría a un lado y daría la bienvenida a alguien que escribiera sobre este tema —con mucha más experiencia que yo— acerca de ese fenómeno.

No creo que sea una exageración afirmar que la necesidad primordial de la iglesia actual es que vuelva el temor del Señor. Insisto, no creo que sea excesivo decir que la principal ausencia en la iglesia de hoy es el temor de Dios.

Lo más cerca que he estado en mi vida adulta de ver el temor de Dios ante mis ojos fue en dos ocasiones en la Capilla de Westminster. Predicando sobre la vida de David, abordé la historia de Nabal y Abigail. Nabal, que era un hombre rico, se negó a mostrarle misericordia a David, que necesitaba alimento para sus hombres. De forma que David decidió vengarse, pero Abigail —esposa de Nabal—, intercedió y le rogó exitosamente para que no fuera tras su esposo. Abigail esperó a que Nabal, que había estado "alegre" mientras celebraba un festín, recobrara la sobriedad. Luego le dijo lo que David había planeado hacer y cómo lo detuvo. "Nabal sufrió un ataque al corazón y quedó paralizado. Unos diez días después el Señor hirió a Nabal y así murió" (1 Samuel 25:37-38).

Tan pronto como terminó el servicio, una pareja soltera de veintitantos años acudió inmediatamente a verme en la oficina de la iglesia. Estaban claramente conmocionados. El hombre temblaba de miedo. Ambos oraron para recibir al Señor en ese momento. Unas semanas después revelaron que habían dejado de vivir juntos. Me pidieron que los casara. Lo hice. Más tarde fueron bautizados y se convirtieron en miembros fieles de la Capilla de Westminster.

La segunda ocasión fue cuando una dama que había estado leyendo mi libro *Dios lo hizo para bien* vino a escucharme predicar. Al comienzo del primer servicio, se acercó a mí y —por alguna razón— cité el versículo de 1 Corintios 10:13: "Ustedes no han sufrido ninguna tentación que no sea común al género humano. Pero Dios es fiel y no permitirá que ustedes sean tentados más allá de lo que puedan aguantar. Más bien, cuando llegue la tentación, él les dará también una salida a fin de que puedan resistir". La señora se convirtió esa misma noche. Dijo que el temor de Dios vino sobre ella mientras yo leía ese versículo. Estaba convencida de que yo podía ver lo que le pasaba. Yo no la vi, ¡en absoluto! Fue una obra efectiva de la gracia; la mujer se convirtió en una de las más piadosas que he visto a lo largo de mi ministerio.

No creo que todos los convertidos bajo mi predicación fueran necesariamente motivados por el temor de Dios. La predicación acerca de la ira de Dios no es la única manera en que las personas son conducidas a Cristo. Pedro habló de la esposa que gana a su esposo con la "conducta" de ella (1 Pedro 3:1-2). Pablo expresó algo similar cuando instó a los esposos y a las esposas a permanecer juntos, aun cuando alguno de los dos no fuera salvo. Porque "¿Cómo sabes tú, mujer, si acaso salvarás a tu esposo? ¿O cómo sabes tú, hombre, si acaso salvarás a tu esposa?" (1 Corintios 7:16). Dicho esto, la razón principal que Pablo expresó en cuanto a que el evangelio es poder de Dios para salvación, es la ira de Dios (Romanos 1:16, 18). Millones de personas pueden cantar de memoria la primera estrofa del himno "Sublime Gracia", pero pocos pueden recordar las palabras de la segunda:

> Su gracia me enseñó a temer,
> mis temores ahuyentó;
> ¡Oh cuán glorioso fue mi ser
> Cuando él me transformó!
>
> —Juan Newton (1725-1807)[1]

PRIMERA PARTE

Lo bueno: el temor de Dios

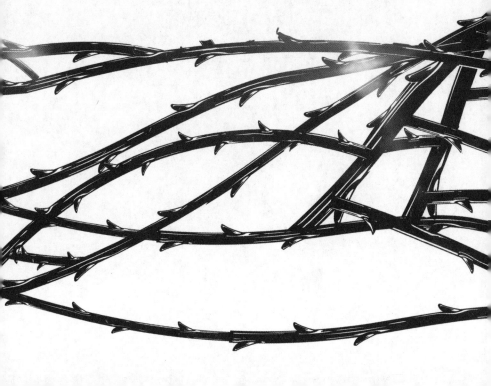

CAPÍTULO 1

El evangelio eterno

Luego vi a otro ángel que volaba en medio del cielo y
que llevaba el mensaje eterno de las buenas noticias para
anunciarlo a los que viven en la tierra, a toda nación, tribu,
lengua y pueblo. Gritaba a gran voz: "Teman a Dios y denle
gloria, porque ha llegado la hora de su juicio. Adoren al
que hizo el cielo, la tierra, el mar y los manantiales".
—APOCALIPSIS 14:6-7

Las superestrellas en el cielo serán personas de
las que nunca oímos hablar en la tierra.
—GRAHAM KENDRICK

Mi padre me contó la siguiente historia muchas veces. Él y mi
madre, que estaba embarazada de seis meses de mí, asistían a una
iglesia nazarena en Indianápolis. Papá quedó tan impresionado
por el sermón que puso su mano sobre el vientre de mi madre
y oró: "Señor, permite que mi hijo predique como este hombre"
(¡él contaba con que yo fuera varón!).

Casi veinte años después, un predicador visitante en Trevecca
Nazarene College (ahora universidad) predicó un sermón basado en Hebreos 11:5 (RVR1960): "Por la fe Enoc fue traspuesto
para no ver muerte, y no fue hallado, porque lo traspuso Dios; y
antes que fuese traspuesto, tuvo testimonio de haber agradado a
Dios". Es el único sermón durante todo el tiempo que estuve en

Trevecca que evoco. Todavía puedo recordar los puntos principales. El enfoque, en resumen, es así: *Enoc agradó a Dios, pero no necesariamente a las personas.* Esa exposición me estremeció y conmovió tanto que fui inmediatamente a mi habitación —en el dormitorio—, me arrodillé al lado de mi cama y oré para que —de alguna manera— pudiera agradar verdaderamente a Dios. Luego llamé a mi padre para contarle sobre el sermón.

"¿Quién era el predicador?", preguntó mi padre.

"Un predicador llamado C. B. Cox".

Mi padre entonces respondió: "C. B. Cox fue el predicador que escuché cuando oré por ti en Indianápolis".

El temor de Dios no significa que Dios tenga miedo. Aunque el amor de Dios se refiere a su amor, la justicia de Dios a su justicia y la ira de Dios a su enojo, el temor de Dios se refiere a *nuestro temor hacia él.* ¿Significa esto que deberíamos tenerle miedo a Dios? En parte, sí. Nosotros los predicadores de hoy, primero, no somos muy propensos a hablar sobre el temor de Dios y, segundo, si lo hacemos, queremos decirle a la gente: "Pero esto no significa que debamos tenerle miedo". ¿Cierto? Creo que deberíamos, si se entiende correctamente lo que es el temor de Dios. Cuando lleguemos al cielo y veamos una predicación grabada de Juan el Bautista, no me sorprendería saber que muchos de sus oyentes casi morían de miedo por su predicación.

DE ESO ES QUE TRATA, EXTENSAMENTE, ESTE LIBRO

Me parece que la predicación sobre el temor de Dios y la propia enseñanza de Jesús en cuanto al castigo eterno han sido en gran parte evitadas porque tememos que la gente no vuelva a la iglesia. Lo cierto es que el temor a desagradar a la gente, camuflando el temor de Dios, es en parte responsable de que las iglesias estén vacías.

Es fácil olvidar que el primer sermón en el Nuevo Testamento fue de Juan el Bautista, que decía: "¿Quién os enseñó a *huir de la ira venidera?*" (Mateo 3:7, RVR1960, énfasis añadido). La gente caminaba o acudía montada en camellos por más de treinta kilómetros para que le hablaran sobre el temor de Dios.

Mi maestro en Ashland, Kentucky, cuando tenía que comentar sobre el citado sermón de Jonathan Edwards (que aparecía en los libros de literatura de aquellos tiempos), denunciaba el sermón de Edwards y afirmaba que debía concentrarse en el *amor* de Dios. Puesto que Juan 3:16 —la Biblia, en otras palabras— dice que Dios "amó tanto al mundo que dio a su único hijo, para que todo aquel que crea en él no perezca sino que tenga vida eterna", la gente comprensiblemente se enfoca —de manera directa— en la referencia al amor de Dios. Pero olvidan que aquellos que no creen "perecerán", una referencia a la ira y la justicia de Dios. Dios nos amó tanto que envió a su Hijo para que no fuéramos al infierno.

LOS CAMINOS DE DIOS

Una pregunta justa es: Si Dios no quiere que perezcamos, ¿por qué, simplemente, no destruye el infierno? Él es el que lo creó. ¿Por qué no lo elimina? ¿Será que no puede hacerlo? ¿Conoces la respuesta a eso? Yo no. Permíteme citar nuevamente estas palabras:

> "Porque mis pensamientos no son los de ustedes ni sus caminos son los míos", afirma el Señor. "Mis caminos y mis pensamientos son más altos que los de ustedes; ¡más altos que los cielos sobre la tierra!".
>
> —Isaías 55:8-9

Estamos en una encrucijada. Has llegado al final del camino y debes girar a la derecha o a la izquierda. Esto no es como el famoso consejo de Yogi Berra: "Cuando llegues a una bifurcación en el camino, síguelo".[1] Tienes una decisión clara que tomar: elegir los caminos de Dios o quedarte con los tuyos. Tan simple como eso.

Dios tiene "caminos". Él lamentó que el antiguo Israel no conociera sus "caminos" (Hebreos 3:10). La solicitud más ferviente de Moisés fue conocer los "caminos" de Dios (Éxodo 33:13). El profeta Isaías exhortó:

> Y vendrán muchos pueblos, y dirán:
> Venid, y subamos al monte de Jehová, a la casa del Dios de Jacob; y nos enseñará sus caminos, y caminaremos por sus sendas.
> Porque de Sion saldrá la ley, y de Jerusalén la palabra de Jehová.
>
> —Isaías 2:3

Debo repetir: Dios tiene *caminos*. Estos caminos se deben enseñar. "Vengan, hijos míos, y escúchenme que voy a enseñarles el temor del Señor" (Salmos 34:11). Los caminos de Dios, parte de los cuales es el temor del Señor, deben enseñarse. ¿Por qué? Porque *por naturaleza* carecemos del sentido del temor de Dios. Nos es ajeno. Por eso, como es lo normal, menospreciamos la noción del temor de Dios.

> Como está escrito:
> No hay justo, ni aun uno;
> No hay quien entienda,
> No hay quien busque a Dios ...
> No hay temor de Dios delante de sus ojos.
>
> —Romanos 3:10-11, 18

LITERATURA JOANINA

Puedo afirmar, casi con certeza, que el libro menos entendido en la Biblia es Apocalipsis. Pero algunos versículos son claros y evidentes, como Apocalipsis 14:7. Las primeras dos palabras contenidas en lo que se llama el "evangelio eterno" son "Teman a Dios".

¿Te sorprende esto? A mí me sorprende, para ser franco. Y sin embargo, toda la literatura joanina (el Evangelio de Juan, las Cartas de Juan y el Libro de Apocalipsis) tienen este hilo en común: la justicia y la ira de Dios; no solo la necesidad de que alguien sea salvado, sino también de ser obediente debido a la justicia y la ira de Dios. Lo que sigue son algunos ejemplos de esta enseñanza.

Entonces, haciendo un látigo de cuerdas, [Jesús] echó a todos del Templo, juntamente con sus ovejas y sus bueyes; regó por el suelo las monedas de los que cambiaban dinero y derribó sus mesas. A los que vendían las palomas les dijo: "¡Saquen esto de aquí! ¡No conviertan la casa de mi Padre en un mercado!".

—Juan 2:15-16

Jesús no confiaba en ellos porque los conocía a todos; no necesitaba que nadie le informara acerca de los demás, pues él conocía el interior del ser humano.

—Juan 2:24-25

"Te aseguro que quien no nazca de nuevo no puede ver el reino de Dios", dijo Jesús.

—Juan 3:3

No se asombren de esto, porque viene la hora en que todos los que están en los sepulcros oirán su voz y saldrán de allí. Los que han hecho el bien resucitarán para tener vida, pero los que han practicado el mal resucitarán para ser juzgados.

—Juan 5:28-29

Como levantó Moisés la serpiente en el desierto, así también tiene que ser levantado el Hijo del hombre, para que todo el que cree en él tenga vida eterna.

—Juan 3:14-15

Porque tanto amó Dios al mundo que dio a su Hijo único, para que todo el que cree en él no se pierda, sino que tenga vida eterna.

—Juan 3:16

El que cree en él no es condenado, pero el que no cree ya está condenado por no haber creído en el nombre del Hijo único de Dios. Esta es la causa de la condenación: que la luz vino al mundo, pero la humanidad prefirió la oscuridad a la luz, porque sus obras eran malas.

—Juan 3:18-19

El que cree en el Hijo tiene vida eterna; pero el que desobedece al Hijo no sabrá lo que es esa vida, sino que permanecerá bajo el castigo de Dios.

—Juan 3:36

Porque la voluntad de mi Padre es que todo el que ve al Hijo y crea en él tenga vida eterna, y yo lo resucitaré en el día final.

—Juan 6:40

—Les aseguro —afirmó Jesús— que, si no comen la carne del Hijo del hombre ni beben su sangre, no tienen realmente vida.

—Juan 6:53

El que me rechaza y no acepta mis palabras tiene quien lo juzgue. La palabra que yo he proclamado lo condenará en el día final.

—Juan 12:48

Y cuando él [Espíritu Santo] venga, convencerá al mundo de su error en cuanto al pecado, a la justicia y al juicio.

—Juan 16:8

Si confesamos nuestros pecados, Dios, que es fiel y justo, nos los perdonará y nos limpiará de toda maldad.

—1 Juan 1:9

Él es el sacrificio por el perdón de nuestros pecados.

—1 Juan 2:2

Él nos amó y envió a su Hijo para que fuera ofrecido como sacrificio por el perdón de nuestros pecados.

—1 Juan 4:10

Para que en el día del juicio comparezcamos con toda confianza.

—1 Juan 4:17

Hay pecado que sí lleva a la muerte.

—1 Juan 5:16

Arrepiéntete y vuelve a practicar las obras que hacías al principio. Si no te arrepientes, iré y quitaré de su lugar tu candelabro.

—Apocalipsis 2:5

Por lo tanto, ¡arrepiéntete! De otra manera, iré pronto a ti para pelear contra ellos con la espada de mi boca.

—Apocalipsis 2:16

Por eso la voy a postrar en un lecho de dolor y a los que cometen adulterio con ella los haré sufrir terriblemente, a menos que se arrepientan de lo que aprendieron de ella.

—Apocalipsis 2:22

Si no te mantienes despierto, cuando menos lo esperes caeré sobre ti como un ladrón.

—Apocalipsis 3:3

Voy a hacer que los de la sinagoga de Satanás, esos que se autodenominan judíos y no lo son porque mienten, vayan a postrarse a tus pies y reconozcan que yo te he amado.

—Apocalipsis 3:9

Por tanto, como no eres ni frío ni caliente, sino tibio, estoy por vomitarte de mi boca.

—Apocalipsis 3:16

Yo reprendo y disciplino a todos los que amo.

—Apocalipsis 3:19

Los reyes de la tierra, los magnates, los jefes militares, los ricos, los poderosos y todos los demás, esclavos y libres, se escondieron en las cuevas y entre las peñas de las montañas. Todos gritaban a las montañas y a las peñas: "¡Caigan sobre nosotros y escóndannos de la mirada del que está sentado en el trono y de la ira del Cordero! ¡Porque ha llegado el gran día de la ira! ¿Quién podrá mantenerse en pie?".

—Apocalipsis 6:15-17

"Será atormentado con fuego y azufre, en presencia de los santos ángeles y del Cordero. El humo de ese tormento sube por los siglos de los siglos. No habrá descanso ni de día ni de noche para el que adore a la bestia y su imagen ni para quien se deje poner la marca de su nombre".

—Apocalipsis 14:10-11

Vi también a los muertos, grandes y pequeños, de pie delante del trono. Se abrieron unos libros y luego otro que es el libro de la vida. Los muertos fueron juzgados según lo que habían hecho, conforme a lo que estaba escrito en los libros ... Aquel cuyo nombre no estaba escrito en el libro de la vida era arrojado al lago de fuego.

—Apocalipsis 20:12, 15

No pretendo entender todos estos versículos. Pero el vínculo que los une es la justicia de Dios. Nos guste o no, Dios es justo. Cabe señalar que Dios es fiel y justo para perdonar nuestros pecados. ¿Por qué "justo"? Porque es un Dios que exige justicia y necesita ser propiciado. La palabra "propiciación", en 1 Juan 2:2 y 1 Juan 4:10, significa que la sangre de Jesús ha apartado la ira de Dios de nuestros pecados. En otras palabras, la justicia de Dios fue *satisfecha* por la vida y muerte de su Hijo Jesucristo. Por eso Dios puede perdonar nuestros pecados y ser fiel a sí mismo.

EL EVANGELIO

La palabra *evangelio* se usa setenta y siete sesenta y ocho veces en el Nuevo Testamento pero solo una vez en la literatura joanina. Y allí se le llama el "evangelio eterno" y con un ángel que clama a "gran voz", diciendo:

> Teman a Dios y denle gloria, porque ha llegado la hora de su juicio. Adoren al que hizo el cielo, la tierra, el mar y los manantiales.
>
> —Apocalipsis 14:7

El Libro de Apocalipsis es "la revelación de Jesucristo" (Apocalipsis 1:1). No revelaciones, en plural, sino revelación. El libro revela al *verdadero Jesús*: pasado, presente, futuro; su persona y su obra. La palabra *eterno*, o *perpetuo*, significa que es inmutable y hay solo un evangelio. Sería igualmente el "mismo" Jesús de los cuatro evangelios. Es notable que lo primero que el ángel que clama con gran voz dice es "Teman a Dios".

Piensa en eso: "Teman a Dios". El evangelio eterno es un mandato a temer a Dios.

¿Te sorprende esto? Y, sin embargo, como dije, ¡a mí sí! Pero no debería. Cuando el evangelio del reino se revela por primera vez en el Nuevo Testamento, las palabras de Jesús son "Arrepiéntanse, porque el reino de los cielos está cerca" (Mateo 4:17). La palabra *arrepiéntanse* en el Nuevo Testamento implica que uno debería cambiar sus caminos debido a la naturaleza de Dios. Él es un Dios santo, celoso. Cambiar nuestros caminos nos lleva a esto: temer a Dios.

En efecto, el primer mensaje de Juan el Bautista fue "huir de la ira venidera" (Mateo 3:7, RVR1960). La primera palabra de la predicación de Jesús fue "Arrepiéntanse" (Mateo 4:17).

No olvides que Jesús nunca —jamás— se disculpó por el Dios del Antiguo Testamento. El Dios del Antiguo Testamento era su Padre. El Dios del Antiguo Testamento es un Dios celoso. Dios dijo sin vergüenza que su nombre es "Celoso" (Éxodo 34:14).

La única referencia al evangelio en el Libro de Apocalipsis (Apocalipsis 14:6-7) es *teman a Dios*.

LA GLORIA DE DIOS

Hay más: denle gloria a él. La palabra *gloria* viene del griego *doxa*, que significa "alabanza" u "honor". El uso de *doxa* por parte de Juan se entiende mejor por las palabras de Jesús en Juan 5:44: "¿Cómo va a ser posible que ustedes crean, si reciben gloria unos de otros, pero no buscan la gloria que viene del Dios único?". Si has leído muchos de mis libros, sabrás que he buscado que este sea mi versículo rector en la vida, comenzando hace más de sesenta años.

La gloria de Dios y sus celos, a menudo, pueden usarse indistintamente. Dios es celoso y no permitirá que adoremos a ningún otro dios sino solo a él. Esta es una de sus maneras; así es él. Además, él quiere *toda* la alabanza, honra y gloria por salvarnos. El mismo Dios que le dijo a Moisés: "tendré misericordia del que tendré misericordia, y seré clemente para con el que seré clemente" (Éxodo 33:19; Romanos 9:15) es el mismo que nos ha salvado. No tenía que hacerlo. Podría habernos olvidado y ser igualmente justo. La escritora de himnos Fanny Crosby (1820-1915) lo sabía muy bien. Por eso escribió el himno:

> No me pases por alto, oh amable Salvador,
> escucha mi humilde clamor;
> Mientras a otros estás llamando,
> no me pases por alto.[2]

A la mente carnal no le gusta este aspecto de los caminos de Dios. Cuando estaba estudiando en un seminario teológico hace muchos años, me sorprendió escuchar a muchos estudiantes objetar a un Dios que quería alabanza y gloria. Por eso es que Jonathan Edwards dijo que lo único que el diablo no puede producir en nosotros es amor por la gloria de Dios. Eso significa que si amas la gloria y la honra de Dios, alégrate de saber que *solo Dios* podría haber puesto eso allí. Lo que quiere decir que, en verdad, estás salvado.

Y sin embargo, como diría el detective Columbo, "Ah, hay una cosa más": el evangelio eterno es un mandato no solo a temer a Dios y darle gloria, sino también a "adorar al que hizo el cielo y la tierra, el mar y las fuentes de las aguas" (Apocalipsis 14:7). Dios quiere nuestra adoración. Quiere nuestra alabanza. Quiere que mantengamos nuestros ojos en él, que pongamos nuestro afecto en las cosas de arriba, no en las de la tierra (Colosenses 3:1). Eso significa un compromiso de por vida para alabarlo, agradecerle y ponerlo en el primer lugar de nuestras vidas. Como hemos estado notando, él es un Dios celoso.

No es casualidad que se nos ordene adorar al Dios de la creación "que hizo el cielo y la tierra, el mar y las fuentes de las aguas". Nuestra generación ha mostrado gran desprecio por Dios nuestro Creador. Primero, por naturaleza, resentimos a un Dios que nos hizo por su propia voluntad y creó a la humanidad del polvo (Génesis 2:7; Salmos 103:14). Segundo, muchos resentimos que fuéramos creados varón y hembra, y que el matrimonio monógamo heterosexual fuera su manera de poblar la tierra (Génesis 1:27). Esto es una forma implícita de llevarnos a afirmar la Biblia; de otro modo, ¿cómo sabríamos acerca de Dios el Creador?

EL JUICIO Y LOS BENEFICIOS ADICIONALES

No estoy preparado para explicar el significado completo de las palabras "La hora de su juicio ha llegado" (Apocalipsis 14:7), pero obviamente señala el hecho y la verdad de la justicia de Dios. "Porque Jehová es un Dios de justicia" (Isaías 30:18). Aquellos que han sido salvados nunca deben olvidar que solo el evangelio es el que nos prepara para el juicio final de Dios. Está establecido para todas las personas morir una vez, pero "después de esto el juicio" (Hebreos 9:27). Aunque el evangelio cambia vidas, nos da paz, nos muestra cómo se suplen nuestras necesidades, nos permite disfrutar de la guía y providencia de Dios, señala la manera de llevar nuestras vidas y nos permite disfrutar de Jesús como amigo y hermano, la razón principal por la que Dios envió a su Hijo a morir fue para cambiar nuestro destino final.

El evangelio se predica para que *no perezcamos sino tengamos vida eterna* (Juan 3:16). Es mi opinión que el pasaje de Apocalipsis 14:7 muestra cómo es el evangelio cuando se proclama con gran poder. Una sensación del temor y asombro de Dios debería acompañar la predicación y recepción del evangelio. Estoy seguro de que es lo que hará el evangelio cuando el grito en medio de la noche despierte a la iglesia, justo antes de la segunda venida de Jesús (Mateo 25:6).

Dicho de otra manera, el evangelio tiene beneficios adicionales: el privilegio de la oración, la Biblia, la promesa del Espíritu en cuanto a darnos poder, los dones del Espíritu, la posibilidad de sanidad nuestros cuerpos y el privilegio de lanzar toda nuestra ansiedad sobre Dios (1 Pedro 5:7). Esos son beneficios adicionales. El beneficio principal del evangelio es que nos prepara para la eternidad: listos para el juicio que sigue a la muerte.

Por eso la oración del pecador sería algo así: "Dios, sé misericordioso conmigo, pecador" (Lucas 18:13). Pedimos misericordia cuando no tenemos poder de negociación. Mi oración sugerida para alguien que acude a Jesús es que incluya algo como: "Lamento mis pecados; lava mis pecados con tu sangre".

El evangelio trata principalmente sobre el juicio y el hecho de que recibirlo lo prepara a uno para el juicio venidero.

El tribunal de Cristo (2 Corintios 5:10) tiene dos dimensiones: (1) Cristo, el juez justo, determinará si una persona está salvada o perdida; y (2) la persona salvada será juzgada por el Señor Jesucristo, es decir, si recibirá una recompensa o será salvada por fuego (1 Corintios 3:14-15).

La persona que recibe la recompensa, al haber recibido su herencia en la tierra honrando a Dios sin vergüenza pero en silencio, recibirá la bienvenida que le dará Cristo cuando le diga: "Hiciste bien, siervo bueno y fiel". ¡No hay nada mejor que eso! No esperes que estés entre los famosos que podríamos haber oído. Creo que Graham Kendrick lo afirmó exactamente bien. Dijo que las superestrellas en el cielo serán personas de las que nunca supimos aquí en la tierra. Son como las descritas en Hebreos 11. Muchos de esos hombres y mujeres mencionados en Hebreos 11 no recibieron reconocimiento en su tiempo. Eso llegó después de que murieron. Tú y yo debemos esperar esto. Me atrevo a decir que muy probablemente te he descrito a *ti*, querido lector. Si el reconocimiento llega aquí abajo, bien. Si no, vale la pena esperar lo que viene.

Lo que más me impacta en cuanto a la revelación de Juan del "evangelio eterno" es esto: el Libro de Apocalipsis fue escrito entre el 90 y el 100 d. C., unos sesenta o setenta años después de la resurrección de Jesús. Los evangelios sinópticos (Mateo, Marcos y Lucas) posiblemente fueron escritos entre el 50 y el 70 d. C. Muchos estudiosos ahora creen que el Evangelio de Juan fue escrito antes del 70 d. C. En cualquier caso, la *última palabra* para referirse al evangelio en la Biblia está en Apocalipsis 14:6. Se llama el "evangelio eterno" o "evangelio perpetuo". ¿Es diferente del evangelio en los sinópticos? No. ¿O diferente de la enseñanza de Pablo? No.

Mi punto es este. Si el "evangelio eterno" requiere que "temamos a Dios", esto era igualmente cierto para el evangelio a lo largo del Nuevo Testamento. Esto explica además por qué la gente estaba "asombrada" por la enseñanza de Jesús (Mateo 7:28; 22:33). También demuestra que el evangelio que predicamos debería hacer lo mismo hoy: dejar a la gente con una sensación de asombro. También es notable que Jesús pudiera asombrar a la gente con su *enseñanza* tan fácilmente como lo hacía con los milagros (Lucas 8:56; 9:43). Creo que muchos de nosotros tendemos a pensar que solo serán los milagros los que asombrarán a la gente. Eso puede ser cierto. Pedro dijo que "Si alguno habla, hable conforme a las palabras de Dios" (1 Pedro 4:11). Por lo tanto, si Dios nos concediera el poder y la autoridad para hablar como deberíamos, sospecho que la gente quedaría prácticamente tan asombrada al escuchar el evangelio como al ver un milagro.

CAPÍTULO 2

El origen del miedo

Tuve miedo...
—Génesis 3:10

El miedo no existe en ningún lugar, excepto en la mente.
—Dale Carnegie (1888-1955)

Hay esencialmente tres tipos de miedo. Primero, el bueno: el temor de Dios. Se trata de un miedo productivo; que conduce a la paz, al verdadero conocimiento y a la sabiduría. Segundo, el malo: el temor al hombre. Este es el miedo que se enfoca en lo que piensan las personas más que en lo que piensa Dios. Con una posible excepción, que examinaremos más adelante, el temor al hombre conduce a la ansiedad contraproducente, a la depresión y al fracaso. Tercero, el feo: el temor satánico, que es sobrenatural. Si no se reconoce y rechaza, este miedo lleva a la opresión, algunas veces a la posesión demoníaca y hasta a la muerte prematura si se lo permites.

El temor de Dios es la sensación de asombro que hace que uno *sienta* cuán real es Dios. El temor de Dios conduce a la resolución consciente de no desagradarlo nunca. Temer a Dios es el principio de la sabiduría (Proverbios 9:10).

SENTIMIENTO

Necesitamos comprender lo antes posible que no estamos tratando simplemente con un asunto cerebral, distante, insensible, intelectual o desapasionado. He convivido con personas notoriamente estoicas que parecen enorgullecerse de su capacidad para no mostrar sus emociones. Por ejemplo, las Fuerzas Especiales Aéreas en Gran Bretaña se rigen por una regla: "Nunca te quejes, nunca expliques, nunca te disculpes". Sospecho que ese estilo de vida puede llevar a algunas personas a vivir en negación constante; lo cual tiene un nombre: represión. La represión es el acto de suprimir consciente o inconscientemente un pensamiento o deseo en uno mismo con el objeto de negar la realidad. Es forzar la mente a no expresar sentimientos como, por ejemplo, ira, decepción o miedo. La represión casi nunca es buena. Pero, en realidad, no te deshaces de lo que quieres reprimir. Puedes presionar eso y llevarlo al sótano, pero sale por el ático, como ocurre con la presión arterial alta, cualquier enfermedad, la irritabilidad o incluso las enfermedades mentales.

Hablemos del tema del perdón total. Lo primero es que no debemos reprimirnos cuando hemos sido calumniados y no guardar rencor (1 Corintios 13:5). Esto no significa vivir en negación en cuanto a lo que te hicieron. ¡No anotar esas cosas no significa fingir que no se cometieron errores! Por lo tanto, el verdadero perdón *no* consiste en negar que lo que hicieron fue terrible. No guardar un registro de los errores es admitir conscientemente, para ti mismo, que lo que hicieron estaba realmente mal, pero al mismo tiempo perdonas al negarte a "mantener un registro" de ello. Eso quiere decir que no se lo vas a echar en cara a la persona que has perdonado. En otras palabras, el perdón total es aceptar el hecho de lo malo que hicieron y, a la vez, dejar libre de culpa al ofensor por lo que hizo.

Eso es lo que hace Dios. Perdona y olvida (Miqueas 7:19) pero no olvida lo que nos perdonó. "Olvidar" significa negarse a echarle en cara el pecado al pecador. Ver Mateo 18:23-35, lo que muestra perfectamente que el que perdona no vive en negación. Es lo mismo que ocurre con el tema de este libro. Debemos conectarnos con nuestros sentimientos más profundos, aquellos que percibimos en lo más íntimo de nuestro ser. Se trata de un instinto sincero.

Por cierto, no habrá represión cuando Jesús se vea claramente en su segunda venida. Juan lo resumió de la siguiente manera:

¡Miren que viene en las nubes! Y todos lo verán con sus propios ojos, incluso quienes lo traspasaron; y por él harán lamentación todos los pueblos de la tierra. ¡Así será! Amén.
—Apocalipsis 1:7

¿Personas *lamentándose*? Sí. Eso es lo que tú y yo escucharemos. No serán uno o dos que estén aterrorizados al ver a Jesús; serán millones. Nadie se reprimirá. Se despreocuparán de su orgullo y su sofisticación frente a los demás. Lo que piensen las personas no importará entonces. ¿Cuándo fue la última vez que escuchaste el sonido de un lamento? Al reflexionar, solo puedo recordar haber escuchado uno una vez, cuando tenía quince años. Es un sonido que no he olvidado nunca. Las personas pueden llorar. Pueden sollozar en voz alta. No recordarás sus sollozos. Pero el patetismo que irrumpe en un lamento es algo que no olvidarás. Tengo una amiga que estuvo presente en la estación de bomberos contigua a la escuela primaria donde los padres de seis niños esperaban noticias de si sus hijos estaban entre las víctimas de los disparos ocurridos en Newtown, Connecticut, el 14 de diciembre de 2012. Ella dijo que el sonido de sus lamentos, al escuchar la terrible noticia, fue tal que nunca más quiso volver a escuchar algo así. La represión no se manifiesta cuando la persona se lamenta. El lamento surge cuando no hay esperanza.

A continuación veremos, en forma más detallada, que hay dos maneras —esencialmente— en que podemos entender el temor del Señor: (1) experimentándolo inesperadamente y (2) aprendiendo de él.

LA PRIMERA REFERENCIA AL MIEDO

La primera referencia al miedo en la Biblia fue después de que Adán y Eva pecaron en el jardín de Edén. Sus ojos se "abrieron" y supieron que estaban desnudos. De modo que cosieron unas hojas de higuera y se hicieron unos delantales. Entonces escucharon un "sonido", era el Señor que estaba caminando por el jardín. Entonces Dios llamó a Adán diciendo: "¿Dónde estás?". Adán respondió: "Escuché que andabas por el jardín y tuve *miedo* porque estoy desnudo. Por eso me escondí" (Génesis 3:7-10, énfasis añadido).

¿Fue este el temor del Señor que experimentó Adán? Sí. Se avergonzó por lo que había hecho. No quería enfrentarse a Dios. Adán fue creado con libre albedrío, por lo tanto era "capaz de pecar", como lo expresó San Agustín (354-430), pero ahora —habiendo pecado— Adán temió. Tuvo miedo de enfrentar a Dios; la comunión que tenía con él ahora estaba rota. Nada volvería a ser igual. Se le había dicho que si comía del fruto prohibido (Génesis 2:17) la muerte se establecería. El pecado de Adán implicó un cambio irreparable e irrevocable para el universo en general y la humanidad en particular. El sentimiento de culpa que Adán experimentó es imposible de describir. Puedes estar seguro de que fue horrible, peor aún que la vergüenza que sintió Pedro cuando negó a Jesús (Mateo 26:75).

NO PODEMOS, SIMPLEMENTE, CULPAR A ADÁN

Sin embargo, lo único que nunca debemos olvidar es que tú y yo fuimos Adán y Eva. No digas: "Fue Adán el que hizo eso. Yo no lo haría nunca". Falso. Lo habrías hecho. Yo también lo habría hecho. Adán y Eva eran criaturas en estado inocente, antes de la caída, que representan lo que todos nosotros habríamos hecho. Lo mismo ocurre al referirnos a la crucifixión de Jesús. No digas: "Eso es lo que hicieron los judíos y los romanos. Yo nunca haría algo así". Falso. Lo habrías hecho. Yo también.

Afirmar: "Yo no haría lo que ellos hicieron" es jactarnos de nuestra propia justicia. Fue esa clase de justicia, como la de los fariseos, la que Jesús denunció. Los fariseos dijeron: "Si hubiéramos vivido *nosotros* en los días de nuestros antepasados, no habríamos sido cómplices de ellos para derramar la sangre de los profetas" (Mateo 23:30, énfasis añadido). Jesús los condenó categóricamente por ese pensamiento jactancioso (vv. 31-36).

No podemos culpar al primer Adán; no podemos condenar a los que participaron en la crucifixión de Jesús.

Dicho esto, solo el Espíritu Santo puede llevar a una persona a ver esto. Una simple anuencia intelectual a lo que se enseña respecto a la naturaleza humana, no es suficiente para que uno se *sienta* avergonzado de sus pecados. Solo el Espíritu Santo puede lograr esto en ti y en mí.

La primera referencia al miedo en las Sagradas Escrituras, por tanto, es el temor de Dios. No fue un temor que se enseñó, sino que se experimentó inesperadamente. Es lo que *sintió* Adán. Esta referencia al miedo, además, muestra una vergüenza consciente. Adán no sabía qué estaba pensando Dios ni qué diría. Antes de la caída, la comunión que Adán tenía con Dios era de tal grado que no se puede concebir nada más grande. Pero lo primero que Dios dijo fue: "¿Y quién te ha dicho que estás desnudo?". Aquí tenemos algo interesante; Adán y Eva fueron *conscientes* de que estaban *desnudos* sin que nadie les dijera eso. Un cambio repentino en su conciencia lo estableció. Habían sido creados desnudos, pero no sentían vergüenza. Sin embargo, cuando desobedecieron la palabra del Señor, conocieron el miedo sin que se les enseñara.

No obstante, aunque pueda parecer extraño, el *temor al hombre* también apareció por su pecado. En su condición antes de la caída, no tenían miedo. Disfrutaban el libre albedrío. Les asignaron nombres a todos los animales. Se les dijo que podían comer de todo árbol del jardín, excepto del árbol del conocimiento del bien y del mal. No se sabe cuánto duró su estado post-creación y pre-caída. Es una pregunta interesante, pero una especulación no provechosa.

EL VEREDICTO DE DIOS

De modo que el miedo emergió, tanto el temor del Señor como el temor al hombre, porque Adán y Eva sabían instintivamente que no estaban bien con el Creador. Y sin embargo, es posible que al principio no supieran que eso era una buena señal. Significaba que un Dios amoroso y perdonador estaba pendiente de ellos. Pero al mismo tiempo, tendrían que aceptar el veredicto de Dios con respecto a lo que hicieron.

¿Y cuál fue ese veredicto? Culpable. ¿Cuál fue el castigo? La muerte. En primer lugar, el día que pecaron se instauró la *muerte*. Ocurrió algo que cambió bruscamente el curso de la historia. ¿Qué tan significativo fue el pecado de Adán y Eva? Tanto que implicó la entrada del *pecado* en "el mundo y por medio del pecado entró la muerte" (Romanos 5:12). Entonces, ¿fue muy brusco el cambio? Sí. ¿Cuál fue su consecuencia? La muerte. Dios advirtió a Adán: "El día [hebreo *yom*] que de él [el árbol del conocimiento del bien y del mal] comas, sin duda morirás" (Génesis 2:17). El hebreo *yom* puede significar "era"; en la era en que Adán vivió se instauró la muerte. Todo cambió: su condición física y su condición espiritual. Nada volvería a ser igual. Murió a la edad de 930 años (Génesis 5:5).

Otra expresión relevante es *cambio de paradigma*: un cambio fundamental, nuevo y diferente, que reemplaza lo rutinario.

Fueron creados con libre albedrío, lo cual era normal para ellos. Pero su legado, debido a su pecado, fue que la humanidad nacería en pecado y esclavitud. Lo que disfrutaron, una relación inquebrantable con Dios, también se perdió. No solo eso; Adán y Eva sabían que morirían algún día. La muerte no era normal. Era nueva y diferente.

Relevante aquí son las famosas cuatro etapas del hombre que expuso San Agustín:

1. *Posse pecarre:* el hombre fue creado "capaz de pecar" (antes de la caída)
2. *Non posse non pecarre:* "no capaz de no pecar" (la humanidad después de la caída)
3. *Posse non pecarre:* "capaz de no pecar" (el creyente después de la regeneración)
4. *Non posse pecarre:* "no capaz de pecar" (despúes de la glorificación en el cielo)

Este es el fundamento de nuestra histórica fe cristiana. Me temo que se ha perdido en gran medida. En mi opinión, es la segunda etapa anterior, "no capaz de no pecar", la que más se ha perdido. ¿Por qué es eso así? Creo que se debe a que todos resentimos cualquier idea que sugiera que no tenemos libre albedrío. Resentimos la verdad de que nacemos en esclavitud. Es nuestra condición pecaminosa la que nos ciega a esto y nos hace correr rápidamente a la noción de libre albedrío. Y, sin embargo, Dios colocó "querubines y una espada ardiente" en el jardín de Edén que "se movía por todos lados para custodiar el camino que lleva al árbol de la vida" (Génesis 3:24). Era la manera de Dios decir: "De ahora en adelante, solo aquellos que sean invitados pueden entrar". Desde la caída de Adán y Eva, requerimos de una invitación especial para volver a la comunión con Dios. Todos están invitados.

¿No están todos invitados? ¡Sí! Pero no todos aceptan. Aquellos que están perdidos solo pueden culparse a sí mismos. Y, sin embargo, aquellos que son salvos solo pueden agradecer a Dios por la sed que les hizo sentir. Si avanzamos de Génesis hasta el final de la Biblia, la parte final del Libro de Apocalipsis, vemos estas palabras:

> El Espíritu y la novia dicen: "¡Ven!"; y el que escuche diga: "¡Ven!". El que tenga sed, venga; y el que quiera, tome gratuitamente del agua de la vida.
>
> —Apocalipsis 22:17

Es notorio que en el jardín de Edén original, los querubines nos impedían entrar. Pero en el último capítulo de la Biblia, en el cual se menciona "el árbol de la vida" (Apocalipsis 22:2), la invitación es para "todo aquel que quiera" (RV1960).

Dicho esto, quizás conozcas la frase "puedes llevar un caballo al agua pero no puedes obligarlo a beberla". ¡El agua de la vida se ofrece al mundo entero! Pero no todos quieren beber.

Por eso Jesús dijo dos veces en el Evangelio de Juan: "nadie puede venir a mí, a menos que se lo haya concedido el Padre" (Juan 6:44, 65).

CASTIGO ADICIONAL

Un castigo secundario se les dio a Eva y a Adán mientras estaban en el jardín de Edén.

Al Señor Dios le dijo a Eva:

> Multiplicaré tu sufrimiento en el parto y darás a luz a tus hijos con dolor. Desearás a tu marido, y él te dominará.
>
> —Génesis 3:16

A Adán, le dijo:

> Por cuanto hiciste caso a tu esposa y comiste del árbol
> del que te prohibí comer, ¡maldito será el suelo por tu
> culpa! Con sufrimiento comerás de él todos los días de tu
> vida. La tierra te producirá cardos y espinas, y comerás
> hierbas silvestres. Te ganarás el pan con el sudor de tu
> frente, hasta que vuelvas a la misma tierra de la cual
> fuiste sacado. Porque polvo eres y al polvo volverás.
>
> —Génesis 3:17-19

A la serpiente, que representaba a Satanás, Dios le dio la primera promesa mesiánica que aparece en la Biblia:

> Pondré enemistad entre tú y la mujer, y entre tu simiente
> y la de ella; su simiente te aplastará la cabeza, pero tú
> le herirás el talón.
>
> —Génesis 3:15

Esto se cumplió el Viernes Santo, cuando Jesús murió en la cruz. Satanás se vio a sí mismo como el arquitecto de la crucifixión. Satanás entró en Judas Iscariote (Juan 13:2; Lucas 22:3). Manos impías entregaron a Jesús a las autoridades. Ese fue el momento en que el talón de la "simiente" de Adán, no su cabeza, fue magullado. Fue maltratado cuando le introdujeron los clavos. Fue magullado por las burlas verbales en la cruz. Pero todo fue parte del conocimiento previo y la predestinación de Dios (Hechos 2:23; 4:28). Y, sin embargo, también fue el día en que la *cabeza* de Satanás fue aplastada. A través de la muerte de Jesús, el que tenía el poder de la muerte fue destruido (Hebreos 2:14). De hecho, si Satanás y los "príncipes de esta era" hubieran sabido lo que estaba sucediendo el Viernes Santo, "no habrían crucificado al Señor de la gloria" (1 Corintios 2:8).

La única manera en que una persona puede ser llevada a la fe salvadora en Jesús, entonces, es por el Espíritu Santo. Hasta que el Espíritu nos vivifica, todos estamos "muertos", en pecados y transgresiones (Efesios 2:1). Una persona muerta no puede moverse. No puede respirar. No puede pensar y mucho menos ver su pecado. La obra inicial del Espíritu, entonces, es convencernos de pecado. Por naturaleza, tú y yo nunca, jamás, nos sentiríamos convictos o apenados por nuestros pecados. Por eso Jesús dijo que el Espíritu Santo convencería al mundo de "pecado" (Juan 16:7-8). Como Adán cuando escuchó el sonido del Señor en el jardín, así la fe viene por el "oír" (Romanos 10:17).

El oír viene por la palabra de Dios. Agradó a Dios que aquellos que creen sean salvos por la "locura" de lo que se predica (1 Corintios 1:21).

Hasta que el Espíritu Santo descendió sobre los 120 en Pentecostés, ninguno de los discípulos sabía por qué vino Jesús. O por qué murió. Ni incluso por qué resucitó de entre los muertos. Aunque lo vieron en la carne después de la resurrección. No entendieron el Sermón del Monte. No entendieron las parábolas. Nada de eso comenzó a ser claro hasta que el Espíritu Santo descendió sobre ellos. Hasta entonces creían sinceramente que Jesús era el Mesías, *pero* que restauraría el reino a Israel (Hechos 1:6). Y derrotaría a Roma. Todo lo que Jesús enseñó sobre el reino invisible les entró por un oído y salió por el otro. Solo el Espíritu Santo permitió que los 120 vieran *por qué* vino Jesús, *por qué* enseñó como lo hizo, *por qué* murió y *por qué* resucitó de entre los muertos.

Esto es cierto hasta el día de hoy. Ninguno de nosotros puede ver el propósito en el evangelio hasta que la predicación de la Palabra, sea cual sea el método, llegue a nuestros oídos. Fue el "sonido" del Señor Dios en el jardín de Edén el que alcanzó a Adán y Eva en su triste estado. Del mismo modo, es el oír de la Palabra lo que nos salva.

CAPÍTULO 3

Cómo entender el temor de Dios

El fin de este asunto es que ya se ha escuchado todo.
Teme a Dios y cumple sus mandamientos, porque
esto es todo para el hombre. Pues Dios juzgará toda
obra, buena o mala, aun la realizada en secreto.
—ECLESIASTÉS 12:13-14

Vengan, hijos míos, y escúchenme que voy
a enseñarles el temor del Señor.
—SALMOS 34:11

Y sobrevino temor a toda persona.
—HECHOS 2:43, RVR1960

El concepto del temor del Señor es el elemento más
importante que falta en la iglesia de nuestros días.
—O. S. HAWKINS

Las tres mil personas que se convirtieron el día de Pentecostés
eran judíos. Crecieron bajo la *enseñanza* del temor del Señor.
Era un concepto introducido miles de años antes. Surgió en el
jardín de Edén. Que Enoc "agradó a Dios", antes de ser trasladado al cielo, habría significado que temía al Señor. Noé se

movió con "temor reverente" ("santo temor", Hebreos 11:7) al construir el arca. El temor de Dios fue una experiencia común a los patriarcas. Fue una enseñanza reforzada por Moisés. Fue un ingrediente esencial en los Salmos y en el Libro de Proverbios, y lo mencionaron repetidas veces los profetas. Es seguro que aquellas personas convertidas el día de Pentecostés habrían aprendido sobre el temor del Señor en las sinagogas. Si alguna vez sintieron el temor del Señor por sí mismos antes de ese día, ¿quién sabe? Pero una cosa es cierta. Una consecuencia inmediata de Pentecostés fue que el "asombro" (griego *phobos*, temor); era muy, muy real para ellos.

> Y sobrevino temor a toda persona.
>
> —Hechos 2:43, RVR1960

Hay dos maneras, básicamente, en que uno llega a entender el temor de Dios: si es enseñado (a través de la instrucción) o si es atrapado por él (es decir, por experiencia directa).

Como ya vimos, la primera vez que alguien experimentó el temor del Señor fue cuando Adán y Eva tuvieron miedo en el jardín de Edén. En ese caso no les fue enseñado, sino que fueron atrapados en el acto. No había habido palabra del Señor Dios que dijera: "Témanme". No hubo instrucción alguna sobre el temor del Señor ni advertencia contra el temor al hombre, como vemos en Proverbios 29:25. No hubo advertencia en cuanto a Satanás mostrándose como ángel de luz (2 Corintios 11:14) ni resistencia al diablo (Santiago 4:7; 1 Pedro 5:8). El temor de Dios, que Adán y Eva experimentaron, no vino de la enseñanza sino del hecho de *sentirlo* pasiva e inesperadamente tras haber desobedecido al Señor.

El miedo es una emoción. Es lo que uno *siente*. Y, sin embargo, puede ser *enseñado*. Tenemos un ejemplo de ello con Abraham. Cuando él anduvo en la tierra, no tuvo un Moisés que lo alimentara paso a paso con la ley. No tenemos evidencia de que Abraham haya sido explícitamente enseñado en cuanto al temor del Señor, pero es obvio que lo asimiló en algún momento. El patriarca le dijo a Abimelec que "Ciertamente no hay temor de Dios en este lugar" (Génesis 20:11). ¿Cómo llegó a pensar tal cosa? La respuesta casi segura es que se debe a que siguió y obedeció al Señor, como se afirma en Génesis 15:1-4: desarrolló un temor de Dios genuino. Cuando intentó ofrecer a su hijo Isaac como sacrificio, pero fue detenido, el Señor le dijo a Abraham: "Ahora sé que temes a Dios" (Génesis 22:12). ¿De dónde obtuvo ese temor del Señor? Respuesta: eso, de alguna manera, se le enseñó a Abraham mientras escuchaba y seguía al Señor.

Algunas cosas las aprendemos por mediación inconsciente. Otras pueden ser impartidas a nosotros a través de nuestros padres o nuestros compañeros. Por ejemplo, ¿cómo aprendí a hablar con el acento propio de la gente de Kentucky? ¿Fui a la escuela y recibí instrucciones sobre cómo hablar como ellos? No. Eso se debe a que fue el único tipo de lenguaje que escuché por muchos años. ¿Cómo aprendí a deleitarme con la música clásica? A la mayoría de los habitantes de Kentucky les encanta la música que se origina en su región, ya sea el sonido característico del *country* o la autenticidad del *bluegrass*. Mi madre —que fue criada en Illinois— era pianista, por lo que me enseñó a amar a Sergei Rachmaninoff y Edvard Grieg; puesto que prefería ese tipo de música. ¿Por qué deseaba ser un hombre de oración cuando aún era adolescente? Mi primer recuerdo fue ver a mi padre de rodillas cada mañana antes de ir a trabajar. Descubrí que los predicadores más poderosos eran hombres de oración. ¿Por qué desarrollé el temor de Dios desde la infancia? Eso ocurrió porque el temor del Señor impregnaba el ambiente donde asistíamos a la iglesia.

Por lo tanto, el temor de Dios puede enseñarse. Pero no necesariamente por instrucción intelectual. De lo contrario, ¿por qué diría David: "Vengan, hijos míos, y escúchenme que voy a enseñarles el temor del Señor" (Salmos 34:11)? ¿Cómo enseñó David el temor de Dios? Simplemente lee el resto de ese salmo, comenzando en el versículo 12. Y sigue leyendo. Sí, tal vez tú —como lector— podrías tomar un momento, dirigirte al Salmo 34:11 y leer el resto del capítulo. ¿Cómo llegas a entender el temor del Señor? La respuesta es esta: conoce los caminos de Dios.

El fundador de la Iglesia del Nazareno fue Phineas Bresee (1838-1915). Fue conocido en sus últimos días porque iba de una iglesia a otra con el mensaje más inusual: "Mantén la gloria abajo".[1] La gloria aquí podría definirse como la presencia manifiesta de Dios. Por ejemplo, la presencia de Dios era tan poderosa que se hizo común ver que las personas que acudían a burlarse se convertían inesperadamente. Bresee sabía que entre los primeros nazarenos no había personas con dinero, ni intelectuales ni gente de las altas esferas del poder que los mantuvieran en marcha y expandiéndose. Su única esperanza de supervivencia era la gloria de Dios. Ellos experimentaron gran alegría, pero también el temor de Dios.

LA ENSEÑANZA SOBRE EL TEMOR DEL SEÑOR

Por eso la enseñanza del temor de Dios era tan importante en el antiguo Israel.

Teme a tu Dios. Yo soy el Señor.
—Levítico 19:14, 32; 25:17

Convoca al pueblo para que se presente ante mí y oiga mis palabras, para que aprenda a temerme todo el tiempo que viva en la tierra y para que enseñe esto mismo a sus hijos.
—Deuteronomio 4:10

Se dirigió a los israelitas: "En el futuro, cuando sus hijos les pregunten: '¿Por qué están estas piedras aquí?', ustedes responderán: 'Porque el pueblo de Israel cruzó el río Jordán en seco'. El Señor, Dios de ustedes, hizo lo mismo que había hecho con el mar Rojo cuando lo mantuvo seco hasta que todos nosotros cruzamos. Esto sucedió para que todas las naciones de la tierra supieran que el Señor es poderoso y para que ustedes aprendieran a temerlo para siempre".

—Josué 4:21-24

Sirvan al Señor con temor; con temblor ríndanle alabanza.

—Salmos 2:11

El temor del Señor es puro: permanece para siempre.

—Salmos 19:9

El Señor brinda su amistad a quienes le temen y les da a conocer su pacto.

—Salmos 25:14

Tan compasivo es el Señor con los que le temen como lo es un padre con sus hijos.

—Salmos 103:13

Cumple los deseos de quienes le temen.

—Salmos 145:19

El Señor se complace en los que le temen.

—Salmos 147:11

El temor del Señor es el principio del conocimiento.

—Proverbios 1:7

Quien teme al Señor aborrece lo malo.

—Proverbios 8:13

El comienzo de la sabiduría es el temor del Señor.

—Proverbios 9:10

La sabiduría es lo primero. ¡Adquiere sabiduría! Por sobre todas las posesiones, adquiere discernimiento. Estima a la sabiduría y ella te exaltará; abrázala y ella te honrará; te pondrá en la cabeza una hermosa diadema; te obsequiará una bella corona.

—Proverbios 4:7-9

Más vale tener poco, con temor del Señor, que muchas riquezas con grandes angustias.

—Proverbios 15:16

El temor del Señor será tu tesoro.

—Isaías 33:6

Pero para ustedes que temen mi nombre, se levantará el sol de justicia trayendo en sus rayos salud. Y ustedes saldrán saltando como becerros bien alimentados. El día que yo actúe ustedes pisotearán a los malvados y, bajo sus pies, quedarán hechos polvo —dice el Señor de los Ejércitos.

—Malaquías 4:2-3

EL TEMOR DEL SEÑOR CAPTADO POR LA EXPERIENCIA

Aunque parezca muy extraño, una de las primeras referencias en la Biblia al temor de Dios cuando se capta, es decir, se siente y se experimenta, se refiere no a aquellos que son parte del pacto de Dios sino más bien a los que están fuera de él. Y, sin embargo, esto fue a causa —por completo— de la presencia de Abraham. Cuando él fue a Egipto y mintió con respecto a Sara, refiriéndose a ella como su hermana, fue porque asumió —de manera precipitada— que no había "temor de Dios, en absoluto, en ese lugar" (ver Génesis 20:11). Pero resultó que "aquella noche Dios apareció a Abimélec [rey de Gerar] en sueños" para advertirle que Sara no solo era la esposa de Abraham sino que Abraham era "profeta" (Génesis 20:3, 7). El temor de Dios estaba, en efecto, allí *pero solo debido a la presencia de Abraham.* En consecuencia, Abimélec, habiendo experimentado el temor de Dios, proporcionó a Abraham grandes regalos (Génesis 20:14-18).

La segunda referencia al temor de Dios cuando se capta por la experiencia es similar a la historia anterior. ¡Les sucedió a aquellos que estaban fuera de la familia de Dios! Jacob dijo a su familia y a quienes lo acompañaban: "Deshágan se de todos los dioses extraños que tengan con ustedes, purifíquense y cámbiense de ropa" ... Así que entregaron a Jacob todos los dioses extraños que tenían, junto con los aretes que llevaban en las orejas, y Jacob los enterró a la sombra de la encina que estaba cerca de Siquén. Cuando partieron, nadie persiguió a la familia de Jacob, porque "un terror divino se apoderó de las ciudades vecinas" (Génesis 35:2, 4-5).

¡Imagínate eso! Así como la presencia de Abraham en Egipto hizo que el rey Abimélec temiera a Dios, la presencia de los hijos de Israel hizo lo mismo a las ciudades circundantes varios años después. En el relato anterior, Abraham tuvo que reconocer y ser sincero en cuanto a que había mentido acerca de Sara. Jacob, igualmente, ordenó a su familia que fueran sinceros y se deshicieran de los dioses falsos que eran completamente ajenos al pueblo del pacto de Dios.

Veo estas dos historias como ejemplos muy apropiados y necesarios para que los sigamos en la actualidad. No hay temor de Dios en este lugar, en nuestra nación. No hay temor de Dios en la iglesia. El mundo se burla de ella y de cualquier cosa sagrada. Los abortos legalizados por cualquier motivo están en constante aumento. Y el pueblo de Dios no hace nada. El racismo sigue rampante en muchas iglesias. El matrimonio entre personas del mismo sexo ahora se da por un hecho común y corriente. El liberalismo teológico prevalece en muchos púlpitos. ¡No hay vergüenza ni se capta la desgracia, no hay arrepentimiento! Estoy convencido de que si hoy nos arregláramos con Dios y nos convirtiéramos en personas seguidoras de él, el temor de Dios volvería a establecerse, el mundo se vería obligado a inclinarse ante el Dios de la Biblia.

Antes que los Diez Mandamientos se entregaran al pueblo de Dios, se necesitaba que ese pueblo se preparara para esa ocasión histórica. Por eso, Dios le dijo a Moisés: "Voy a presentarme ante ti en medio de una densa nube, para que el pueblo me oiga hablar contigo" (Éxodo 19:9). Aquella declaración fue seguida por la aparición de una nube espesa en la montaña y una trompeta muy fuerte que "puso a temblar a todos los que estaban en el campamento" (Éxodo 19:16). Cuando todo el pueblo vio los relámpagos y la montaña humeante, y además escuchó el trueno y el sonido de la trompeta, tuvo miedo y tembló. "Ustedes tenían miedo del fuego", dijo Moisés a los hijos de Israel (Deuteronomio 5:5). El propio Moisés tembló de miedo (ver Hebreos 12:21). Ese fue el temor de Dios aprendido por experiencia. Vivido. Real. Paradójicamente, Moisés les respondió "No tengan miedo. Dios ha venido a ponerlos a prueba, para que sientan temor de él y no pequen" (Éxodo 20:20). En otras palabras, la experiencia de temer a Dios tenía un propósito: que el pueblo no pecara.

El temor de Dios que se experimenta no solo sirve para que veamos la majestad de Dios; tiene un propósito, a saber, cambiar vidas.

Jeremías prometió que el temor de Dios resultaría en una experiencia y una instrucción a la vez:

> Ellos serán mi pueblo y yo seré su Dios. Yo les daré un solo corazón y un solo camino, a fin de que siempre me teman, para su propio bien y el de sus hijos. Haré con ellos un pacto eterno: nunca dejaré de estar con ellos para mostrarles mi favor; pondré mi temor en sus corazones, así no se apartarán de mí.
>
> —Jeremías 32:38-40

LOS CAMINOS O MANERAS DE DIOS

Dios lamentó la condición del Israel antiguo: "No han conocido mis caminos" (Hebreos 3:10, RVR1960). Lo que particularmente enfureció a Dios fue que la mayoría de los espías que fueron a investigar la tierra prometida ganaron por encima de los informes de Josué y Caleb, por lo que no entraron en Canaán *cuando pudieron haberlo hecho* (ver Números 14:1-10). Dios tiene *caminos*. Tú tienes los tuyos. Yo tengo los míos. Mi esposa conoce mis caminos. Yo conozco los de ella. ¡Es probable que no te gusten los caminos ni las maneras de Dios! Por ejemplo, él es un Dios celoso (Deuteronomio 5:9). Eso era la esencia del problema con el Israel de ayer y con muchos hoy. Por desdicha, algunos odian esta verdad acerca de Dios. Él es un Dios de gloria (Hechos 7:2). Él es soberano, como le dijo a Moisés: "Tendré misericordia de quien quiera tenerla" (Éxodo 33:19). Él es un Dios santo (1 Pedro 1:16). Es todopoderoso (Jeremías 32:27). Dios quiere que lo amemos y adoremos por lo que *es*.

El Espíritu Santo, la tercera persona de la Trinidad, tiene sus caminos, sus modos, sus maneras. A él se le puede entristecer (Efesios 4:30); es una persona muy sensible. La principal forma en que entristecemos al Espíritu es, casi con certeza, es mediante la "amargura" y la falta de perdón (Efesios 4:31-32). Al Espíritu Santo se lo puede apagar (1 Tesalonicenses 5:19); lo que se puede hacer al no reconocer y afirmar la forma en que él puede decidir manifestar su presencia. Al Espíritu Santo se le puede resistir, como cuando los judíos rechazaron la predicación de Esteban (Hechos 7:51). El Espíritu Santo puede ser blasfemado por personas que atribuyen a Jesús "un espíritu inmundo" y por lo tanto son culpables de un "pecado eterno" (Marcos 3:29-30).

Jesucristo, el eterno Hijo de Dios, es "el mismo ayer, hoy y por siempre" (Hebreos 13:8). Así como hay quienes piensan que el Dios del Antiguo Testamento y el Dios del Nuevo Testamento son diferentes —no el mismo—, algunos no se dan cuenta de que el Jesús de los cuatro evangelios y el Jesús revelado en el Libro de Apocalipsis también es el mismo. En primer lugar, Jesús nunca se disculpó por el Dios del Antiguo Testamento (su Padre); es más, reflejó a Dios Todopoderoso. "El que me ha visto a mí, ha visto al Padre" (Juan 14:9). "Yo no puedo hacer nada por mi propia cuenta" (Juan 5:30), "solamente lo que ve que su Padre hace" (Juan 5:19). El mismo Jesús que es "manso y humilde de corazón" (Mateo 11:29) tiene ojos "como llama de fuego" (Apocalipsis 1:14). La "caña cascada" que Jesús no rompería (Mateo 12:20) tiene pies "como bronce al rojo vivo en un horno" (Apocalipsis 1:15).

El Dios de la Biblia es eterno e independiente de su creación: el único y verdadero Dios, el Creador del universo, el autor de las Escrituras, el Dios que envió a su único Hijo al mundo para morir en una cruz.

Te suplico, lector, que conozcas los caminos de Dios. Abrázalos. Estímalos. Hónralos. El resultado será que el temor de Dios será parte de ti. Nunca —jamás— te disculpes por el Dios de la Biblia.

Los hijos de Israel debieron haber conocido los caminos de Dios. Pero permitieron que la incredulidad se instalara y perdieron la herencia que tenían: entrar en la tierra prometida, a la que llamaban el "reposo especial", "el reposo de Dios" (Hebreos 3:19; 4:1, 9-10). ¿Qué consiguieron con eso? Fueron presa de la cobardía. Del temor al hombre. Se escucharon entre ellos, en vez de oír a Dios. Fueron víctimas de la ansiedad contraproducente. De la ingratitud. De la terquedad. De la incapacidad para aprender. De la infidelidad. De la sordera. De ahí la conocida expresión: "Si ustedes oyen hoy su voz" (Hebreos 3:7). Mientras tú y yo podamos *oír la voz de Dios* es una buena señal de que aún podemos entrar en nuestra herencia. Eso significa que Dios aún no ha terminado con nosotros.

Solo es cuestión de tiempo antes de que debamos tomar una decisión: si aceptar o rechazar el temor del Señor. El temor del Señor es una opción. El escritor de Proverbios previó un tiempo en que la gente llamaría a Dios, pero "no les responderé; me buscarán, pero no me encontrarán". ¿Por qué? "Por cuanto aborrecieron el conocimiento y *no quisieron temer al Señor*" (Proverbios 1:28-29, énfasis añadido).

La razón por la que el escritor de Hebreos dijo: "Si ustedes oyen hoy su voz", es porque los judíos cristianos en los años 60 d. C. ya se estaban volviendo "apáticos [duros de oído] y no escuchan" (Hebreos 5:11). El peor escenario —Dios no quiera que esto nos suceda a ti ni a mí— es que uno se vuelva sordo por completo. Eso es lo que había detrás de aquellos que, habiendo sido iluminados, habiendo probado la palabra de Dios, compartido y disfrutado —en el Espíritu Santo— los poderes de la era venidera, sin embargo, optaron por no obedecer y afirmar los caminos de Dios: no podían ser renovados de nuevo al arrepentimiento (ver Hebreos 6:4-6).

No afirmar los caminos de Dios no es nada chistoso. Oro para que esto no le suceda a nadie que lea este libro. Y, sin embargo, podría sucederte a ti o —incluso— a mí.

Por lo tanto, te pregunto: ¿Escogerás el temor del Señor? Josué exhortó: "Escoge hoy a quién servirás" (Josué 24:15). Debes elegir entre hacer de la gloria de Dios tu prioridad o escoger la alabanza de los demás como lo más importante para ti (Juan 5:44). El perdón total es un acto de voluntad: dejar libre a tu enemigo o hacer que pague. Debes elegir si afirmar los caminos de Dios o elegir un dios cuyos caminos se parezcan a lo que quieres que Dios sea.

El temor del Señor es "puro" (Salmos 19:9). Limpio. Gratificante. Bueno.

SEGUNDA PARTE

Lo malo:
el temor al hombre

CAPÍTULO 4

Una elección muy importante

Porque Dios no nos ha dado un espíritu de temor,
sino de poder, de amor y de dominio propio.
—2 Timoteo 1:7

A lo único que debemos temer es al propio miedo.
—Franklin D. Roosevelt (1882-1945)

Una de las peores adicciones en el planeta es convertirnos en esclavos de lo que la gente piense de nosotros. Es algo implacable, doloroso, natural y un vehículo fácil para que Satanás se apodere de nosotros y nos aterrorice.

Sí, es natural estar conscientes de lo que la gente piensa de nosotros. Es la razón por la que nos peinamos, nos vestimos decentemente y hasta aspiramos al éxito. Según Eclesiastés 4:4, un versículo que me estremeció profundamente hace más de treinta años, todo éxito puede remontarse al deseo de hacer que otros sientan celos de nosotros:

Vi, además, que tanto el afán como el éxito en la vida despiertan envidias. Y también esto es vanidad; ¡es correr tras el viento!

—Eclesiastés 4:4

He visto asimismo que todo trabajo y toda excelencia de
obras despierta la envidia del hombre contra su prójimo.
También esto es vanidad y aflicción de espíritu.

—Eclesiastés 4:4, RVR1960

Puedes estar de acuerdo o no con Eclesiastés 4:4, pero sugeriría
que examines tu corazón con sumo cuidado y veas si no te pasa,
como a muchos, que disfrutamos haciendo y logrando cosas que
hacen que los demás nos admiren o hasta que sientan un poco de
celos con respecto a nosotros. Debo ser franco y reconocer por
qué este versículo me sobrecogió. Aunque, en verdad, pensé —y
aún pienso— que Dios me abrió la puerta para que fuera a la
Universidad de Oxford, ¿por qué *elegí* Oxford? Sencillo, porque
Oxford es ampliamente considerada como la institución educativa
superior número uno de todo el mundo. También lo es la Clínica
Mayo en la medicina. El Wimbledon con el tenis. El Madison
Square Garden con respecto a todos los escenarios deportivos.
Yo sabía que un doctorado *Oxon* [término que significa "de
Oxford"] haría que muchas personas me admiraran más de lo
que lo habrían hecho si hubiera permanecido en mi seminario
de Louisville. Y aunque todavía creo que Dios estaba detrás de
todo eso, fui golpeado —y aún me siento avergonzado— al ver
mi ego desnudo y mi orgullo rampante en todo ello.

Es necesario tener presente el versículo de Jeremías 17:9, que
dice: "Nada hay tan engañoso como el corazón. No tiene reme-
dio. ¿Quién puede comprenderlo?". Nos atrevemos a decirnos
a nosotros mismos que conocemos nuestros corazones. Pero en
realidad, ¿es cierto eso? Cuanto más profundizamos en nuestros
corazones más vemos que es como desprender las capas de una
cebolla: que el corazón, en verdad, es desesperadamente malvado.

Y, sin embargo, hay una ironía que debe considerarse. Y es
que muestra que la ansiedad puede ser útil. Aun cuando el miedo es conflictivo y negativo, podemos obtener beneficios de él,

por ejemplo, nos motiva a realizar el trabajo. A lograr una meta digna. A tener éxito. Es por eso que dije anteriormente que el miedo al hombre a veces puede ser algo bueno.

Sin embargo, uno no puede apreciar el peligro del temor al hombre hasta que vemos aún más, y con mayor comprensión, cómo se conecta con el temor de Dios.

LA EMERGENCIA DEL "MIEDO" EN LA BIBLIA

Ya vimos que la primera referencia al *miedo* en la Biblia es cuando Adán confesó que tuvo miedo a Dios. Eso fue después de que Adán y Eva pecaron en el jardín de Edén. Dios llamó a Adán, "¿Dónde estás?" Adán respondió: "Escuché que andabas por el jardín y *tuve miedo* porque estoy desnudo. Por eso me escondí." (Génesis 3:9-10, énfasis añadido).

El sonido de Dios. Eso es lo que produjo el temor de Dios en Adán. El sonido de Dios. Su hablar. Su palabra. Es mi oración que el *sonido de Dios* acompañe la predicación en nuestros días.

Este miedo vino después que Adán pecó. Cualquier temor de Dios que pudiera haberse inculcado en él antes de la caída no fue suficiente para evitar que comiera del fruto prohibido. Cuestionar por qué permitió Dios el pecado, en primer lugar, es como preguntar por qué hay maldad en el mundo. No conoceremos la respuesta a esa pregunta en esta vida. Dicho esto, el temor de Dios surgió muy pronto después que Adán pecó.

UNA DEFINICIÓN DE ESPIRITUALIDAD

Todos deberíamos querer esto, a saber, conocer el temor del Señor tan pronto como le causamos tristeza a él. En lo particular, definiría espiritualidad como *el cierre de la brecha temporal* entre el pecado y el arrepentimiento. Algunos se aferran a su terquedad por reconocer su situación y tardan años antes de admitir que han pecado. Algunos tardan meses. A algunos les toma semanas. A otros, les es cuestión de días. Aun a otros, es cosa de horas. Y hay los que tardan apenas unos segundos. ¿Cuánto te tardas tú, en darte cuenta o reconocer que has pecado? ¿O que te equivocaste?

Y, sin embargo, este libro trata en gran parte de temer a Dios antes de pecar, para que seamos capaces de no pecar. El temor de Dios debe enseñarse, impartirse. "Vengan, hijos míos, y escúchenme que voy a enseñarles el temor del Señor" (Salmos 34:11). "Confirma tu palabra a tu siervo, que te teme" (Salmos 119:38).

El primer mensaje del Nuevo Testamento se relaciona con el temor del Señor. Eso fue lo que hizo que innumerables personas se dirigieran desde Jerusalén al desierto, una distancia de treinta kilómetros, para escuchar a Juan el Bautista predicar. Algunos caminaron. Otros iban en camellos. Aun otros en mulas. Estaban ansiosos por escuchar a Juan predicar. No buscaban el último acto de magia. No fueron para que los halagaran. No estaban buscando genialidad ni inteligencia. No estaban tras la oratoria ni tras alguna frase cuidadosamente elaborada. No perseguían la autoayuda. Había algo más que los impulsaba a recorrer esa distancia. Era escuchar una palabra clara de Dios. Escuchar cuál sería el primer mensaje del Nuevo Testamento: "¿Quién os enseñó a huir de la ira venidera?" (Mateo 3:7, RVR1960). Ese no era un mensaje amigable para los interesados. Al contrario, era desagradable a sus oídos. La gente se sentía atraída por un mensaje que les revelara la verdad. En este caso, esa verdad tenía que ver con el temor de Dios.

Es notorio que Juan el Bautista dirigiera esa pregunta respecto a la ira venidera, en particular, a los saduceos y fariseos que acudieron a escucharlo (ver Mateo 3:7). ¿Por qué *fueron* a escuchar a Juan? ¿Fue porque les agradaba Juan? Probablemente no. Temían que la población, la gente común, se emocionara demasiado con la predicación de Juan. No estaban tanto amenazados por Juan como por el hecho de que la gente creería y difundiría la enseñanza que él estaba impartiendo. Y eso se debía a que la enseñanza de Juan el Bautista, como la de Jesús, era un desafío muy serio a la autoridad, el prestigio y el poder de tanto fariseos como saduceos. Así que fueron al mar Muerto a escuchar a Juan, no para ser edificados sino porque estaban espiándolo. Todo lo que vieran ahí, lo informarían a las autoridades de regreso a Jerusalén (Juan 1:19).

DIVERSOS TIPOS DE MIEDO

Es sorprendente que la primera referencia al miedo, al hombre, en la Biblia sea con respecto a los animales que nos temen. Dios le dijo a Noé: "Todos los animales de la tierra tendrán temor y miedo ante ustedes: las aves, las bestias salvajes, los animales que se arrastran por el suelo y los peces del mar" (Génesis 9:2). Todas las criaturas vivientes nos temen y eso es por decreto de Dios. Nosotros también podemos temer a algunos animales, pero ellos nos temen a nosotros.

Sin embargo, ¿por qué tenemos miedo? ¿Por qué tenemos tanto miedo? ¿Por qué existe algo como el miedo? Las palabras como claustrofobia o hidrofobia provienen del griego *phobos*, que significa miedo, horror. Por ejemplo, fobia se usa para indicar varias clases de miedo.

Algunos de nosotros tememos a la oscuridad. El miedo más temprano que padecí fue cuando tenía dos años; temía que mis padres se olvidaran cuando todo estaba oscuro. Podemos tener miedo a una caída. Hay innumerables fobias o miedos. La número uno parece ser la aracnofobia, es decir, el terror a las arañas. ¿Conoces lo que significa el vocablo *hippopotomonstrosesquippedaliofobia*? Es (en serio) ¡miedo a las palabras largas!

Hay hombres que tienen ginefobia o miedo a las mujeres. También hay mujeres que tienen androfobia o temor a los hombres. Pero no estamos tratando de eso en este libro. Al contrario, estamos hablando sobre el temor de Dios —lo que yo llamo "miedo bueno"— y el miedo al hombre, lo que denomino miedo malo. Lo que la gente piensa. Lo que los demás pueden hacer.

EL TEMOR AL HOMBRE: MIEDO A SER HERIDO POR LA GENTE

El miedo al hombre no es una condición psicológica, rara ni un trauma; es el más común de todos los miedos. El miedo al hombre tiene que ver con ser herido, perjudicado, dañado o humillado por otro *individuo*. Estos vienen bajo, al menos, cinco encabezados:

El miedo al daño físico
Nos es dada esta promesa:

> Solo él puede librarte de las trampas del cazador y de mortíferas plagas, pues te cubrirá con sus plumas y bajo sus alas hallarás refugio. Su verdad será tu escudo y tu baluarte. No temerás el terror de la noche ni la flecha que vuela de día ni la plaga que acecha en las sombras ni la peste que destruye a mediodía.
> —Salmos 91:3-6

El miedo al daño físico es más relevante hoy que nunca. Sobre todo para aquellos que viven en grandes urbes. La violencia que estalló después del COVID-19 se ha esparcido por todo el mundo, incluido Estados Unidos de América e incluso en lugares como Londres, cualquier ciudad de Latinoamérica y en cualquier continente. En este país es el miedo a ser víctima de los disparos, en Londres el miedo a ser apuñalado con un arma blanca.

Con en este tipo de miedo también está el temor a los accidentes, los desastres naturales y los asaltos. Es por eso que muchas pólizas de seguro consideran con suma atención los incendios y los hurtos. Cuando manejo nuestro coche —o si es nuestro hijo TR el que está conduciendo— siempre pido que la sangre de Cristo se derrame sobre el vehículo (y todo lo que atinente al mismo) y también sobre el tráfico (y todo lo que se relacione con él). Incluso, cuando vuelo, pongo mi mano en el costado del avión al abordar la aeronave, orando —literalmente— por la sangre de Jesús para que dirija y proteja todo el trayecto. Aprendí esto de mi amigo Charles Carrin, cuyo ministerio consiste, en gran parte, en imponerles sus manos a las personas cuando ora por ellos. Lo vi hacerlo y, desde entonces, lo he practicado. Oro por la sangre de Jesús para que cubra nuestro apartamento (incluso todo el edificio) para que nos proteja de incendios y robos.

El salmo 91 es un canto que todo lector de este libro no solo debería tomar en serio, sino —en primer lugar— leerlo a menudo y —en segundo lugar— aplicarlo, sabiendo que servimos al mismo Dios.

El miedo a que la reputación sea dañada

Deja que estas palabras rijan tu vida:

> Entonces, ¿busco ganarme la aprobación humana o la de Dios? ¿Piensan que procuro agradar a los demás? Si yo buscara agradar a otros, no sería siervo de Cristo.
> —Gálatas 1:10

Si has leído uno o más de mis libros, sabrás que Juan 5:44 —citado dos veces ya— ha sido mi versículo rector durante muchos años:

> ¿Cómo va a ser posible que ustedes crean, si reciben gloria unos de otros, pero no buscan la gloria que viene del Dios único?
> —Juan 5:44

No puedo decirte por qué ese versículo me cautivó hace más de sesenta años. Puede haber sido por el mencionado sermón que escuché en Trevecca, en 1954 —sobre Hebreos 11:5— acerca de Enoc, que era conocido antes de su traslado porque "agradó a Dios". No puedo decir que he vivido a la altura de ese estándar —el cual es muy alto—, sin embargo ha sido mi principal parámetro para estimar si podría estar agradando a Dios. Por ejemplo, hago todo lo posible para tomar *todas las decisiones* basadas en si agrado a Dios, ya sea aceptando o rechazando una invitación, escribiendo un sermón o un libro, con quién me veo, cómo respondo una carta o cómo uso el dinero.

Juan 5:44 es la explicación de por qué los judíos rechazaron a Jesús. Es por eso que Jesús les hizo esta pregunta. Sabía que no creían en él y, además, sabía por qué: preferían la aprobación y la honra de los demás antes que la honra y la alabanza de Dios. Pablo también sabía eso. Por lo cual pudo decir: "Si yo buscara agradar a otros, no sería siervo de Cristo" (Gálatas 1:10).

El miedo a la inseguridad económica

Jesús dijo:

> Por eso les digo: No se preocupen por su vida, qué comerán o beberán; ni por su cuerpo, cómo se vestirán. ¿No tiene la vida más valor que la comida y el cuerpo más que la ropa? ... Más bien, busquen primeramente el reino de Dios y su justicia, entonces todas estas cosas les serán añadidas.
>
> —Mateo 6:25, 33

Cuando pienso en este pasaje en Mateo (que tomé del Sermón del Monte), recuerdo dos cosas. Primero, que Mateo 6:33 era el versículo bíblico favorito de mi padre. Él vivió buscando "primero" el reino de Dios, sabiendo que "todas las otras cosas"—comida, vivienda, ropa— le serían añadidas. Los elementos esenciales de la vida son parte del paquete cuando buscas primero el reino de Dios. En cuanto a mi propio padre, él relacionó Mateo 6:33 con el diezmo. Era un diezmador fuerte y consecuente. Creía que vivir con el noventa por ciento de los ingresos de uno, y darle a Dios el diez por ciento de él, el noventa por ciento sería más que suficiente como lo era el cien por ciento con el que empezaste. También decía: "A veces, hijo, creo que incluso llega más lejos".

La segunda cosa que me viene a la mente respecto al pasaje de Mateo es un sermón que prediqué en Westminster Chapel hace muchos años, el cual envié —con otros sermones— a India. El amigo que los envió me informó que el preferido de todos fue el que trataba sobre este pasaje. El sermón demostró que no necesitábamos preocuparnos por las finanzas si ponemos a Dios primero. Aparentemente tocó una nota para los cristianos en India. Y sin embargo, creo que este es un mensaje que necesita ser atendido por todos los cristianos, dondequiera que uno viva.

El miedo a la soledad

Les aseguro que estaré con ustedes siempre, hasta el fin del mundo.

—Mateo 28:20

Nunca los dejaré; jamás los abandonaré.

—Hebreos 13:5

En mi primera defensa, nadie me respaldó, sino que todos me abandonaron.

—2 Timoteo 4:16

Una de las mejores experiencias de mi estadía en Westminster Chapel, fue cuando Billy Graham predicó ante nosotros.

Escogió "Soledad" como el título de su sermón. Fue un mensaje extraordinario, tanto que me ayudó a dilucidar un problema que realmente no había captado mi atención. Explicó por qué muchas personas que viven en las grandes ciudades padecen de soledad. Describió a los que viven en apartamentos pequeños y que están solos. Y no se refería a los que pierden un cónyuge, ya sea por muerte o divorcio. Ni a los que pierden a un amigo, ya sea por muerte o deserción. Ni tampoco a aquellos que pierden una mascota, como un gato, un perro o un canario. He orado con gusto por personas que temían perder una mascota. De ahí aprendí a orar incluso por la curación o supervivencia de un animal que podría ser la única fuente de consuelo terrenal para una persona. Jesús a la diestra de Dios fue tentado, probado, en todos los aspectos como tú y como yo, y él simpatiza con aquellos que se sienten solos (Hebreos 2:18; 4:15). Puede que te rías de uno que ora por una mascota, pero Jesús no haría eso.

Hay un himno antiguo que dice: "¿Cómo puedo estar solo aunque, únicamente, tenga a Jesús?". Respuesta: ciertamente puedes *sentirte* solo aunque tengas a Jesús.

Mi madre murió a la edad de cuarenta y tres años; yo tenía diecisiete. La soledad que temía ha continuado los últimos sesenta y tres años en los que he tenido a Louise, a quien también temía perder. Hasta la fecha en que escribo este libro, tengo ochenta y seis años; ella tiene ochenta y dos. Todavía la tengo.

El punto es este. ¿Estás solo? Te entiendo. Pero Jesús te comprende aún más.

El miedo al fracaso

Es correcto y bíblico orar por el éxito.

Señor, te ruego, ¡concédenos la victoria!
—Salmos 118:25

Que haga que se cumplan todos tus planes.

—Salmos 20:4

En cuanto a Oxford, muchas personas me preguntan: "¿Disfrutaste de tu tiempo en Oxford?". La respuesta es no. Eso los sorprende. Pero en mi caso fue y es la absoluta verdad. He aquí la razón: temí fracasar desde el primer día que llegué a Oxford, el 1 de septiembre de 1973. Lo siento, pero ese miedo fue constante hasta que presenté mi examen oral el 16 de diciembre de 1976. Por favor, trata de entenderme. Nací, crecí y me eduqué en Kentucky. Este estado estaba casi de último —en términos de estándares educativos— en todo el país. Solo Arkansas estaba debajo de nosotros. (Teníamos un eslogan: "Gracias a Dios por Arkansas").

La gente no tiene idea de lo mal instruido que fui en Ashland, Kentucky. Y entonces me encontré en una institución tan prestigiosa como lo era Oxford, donde los estudiantes no solo eran los más brillantes sino también los más educados del sistema británico. No solo eso, sino que pronto supe que el cincuenta por ciento de los estudiantes que intentaban obtener el doctorado fracasaban. Un hombre que había sido el primero de su clase en la Universidad de Edimburgo (que obtuvo lo que se conoce en Gran Bretaña como el "primer lugar") fracasó. Un amigo mío que ya tenía un doctorado en Estados Unidos no logró obtener su doctorado. Así que me dije a mí mismo: "¿Qué esperanza tengo?"

Louise fue mi gran motivadora. Persistentemente me decía que Dios no habría hecho un camino para que fuéramos a Inglaterra si no iba a ayudarme a tener éxito en mi formación académica. Sus palabras fueron, prácticamente, mi único aliento. Sentí que hasta el propio Señor me ocultó su rostro y no me dio ninguna pista de que tendría éxito.

Sin embargo, lo logré. Luego me invitaron a ministrar en Westminster Chapel. Ahora me enfrentaba a seguir al mejor predicador del mundo junto a C. H. Spurgeon. Pasé veinticinco años allí, sin sentir ni una vez que el púlpito era mío. Era del Dr. Martyn Lloyd-Jones. Siempre me sentí como un fracasado al lado de él. No creo que haya fracasado. Tuvimos un buen ministerio. Pero nunca me sentí exitoso en comparación con los ministros anteriores, como G. Campbell Morgan y el Dr. Lloyd-Jones.

Quizás el versículo más alentador y motivador en toda la Biblia sea este:

> Deléitate en el Señor y él te concederá los deseos de tu corazón.
>
> —Salmos 37:4

Mi amigo Josef Tson solía decir que hay trescientas sesenta y seis amonestaciones que indican que "no hay que temer" (o su equivalente) en la Biblia: una para cada día del año y una hasta para el año bisiesto.[1]

LA PRIMERA REFERENCIA AL TEMOR AL HOMBRE

El primer relato en cuanto al miedo fue con respecto a Abraham. Este llevó consigo a Sarai, su esposa, a Egipto. Debido a que era muy hermosa, temía que lo asesinaran a él, por lo que le instruyó lo siguiente: "Por favor, di que eres mi hermana para que gracias a ti me vaya bien y me dejen con vida" (Génesis 12:13). En efecto, los egipcios vieron que era hermosa y la llevaron a la casa de Faraón. Pero el Señor afligió a Faraón y a su casa con grandes plagas. Entonces Faraón llamó a Abram (como se le llamaba entonces) y le dijo: "¿Qué me has hecho? ¿Por qué no me dijiste que era tu esposa? ¿Por qué dijiste que era tu hermana?" (Génesis 12:18-19). Así que ambos se salvaron. Esto mostró que Dios estaba con Abraham. Dios habría afligido a Faraón de todos modos; Abraham no necesitaba hacer que Sara dijera que era su hermana. Como diría más tarde el salmista: "No te enojes, pues esto conduce al mal" (Salmos 37:8).

La primera referencia al miedo al hombre por parte de alguien se encuentra en Génesis 32:7. Ese pasaje registra cuando Jacob temía a su hermano gemelo, Esaú. Años antes, el primero había engañado al segundo, que era el primogénito, y lo había despojado de su derecho de primogenitura y le robó la bendición de su padre, Isaac. Esaú juró vengarse: "Mataré a mi hermano Jacob". Eso es lo que impulsó a Jacob a dejar su hogar. Años más tarde, después de que Jacob se casó y tuvo muchos hijos, recibió la noticia de que Esaú iba a encontrarse con él. "Tengo miedo de que venga a matarme", dijo Jacob (Génesis 32:11). A veces es saludable reconocer sinceramente el propio miedo. La represión, ya sea una negación consciente o inconsciente de la verdad, casi nunca es buena. Es mejor enfrentar los problemas. En cualquier caso, ese miedo a Esaú llevó a Jacob a buscar a Dios. Por eso fue grandemente humillado:

> Entonces Jacob se puso a orar: "Señor, Dios de mi abuelo Abraham y de mi padre Isaac, que me dijiste que regresara a mi tierra y a mis parientes, y que me harías prosperar: realmente yo, tu siervo, no soy digno de la bondad y fidelidad con que me has privilegiado. Cuando crucé este río Jordán, no tenía más que mi bastón; pero ahora he llegado a formar dos campamentos. ¡Líbrame del poder de mi hermano Esaú, pues tengo miedo de que venga a matarme a mí y a las madres y a los niños!".
>
> —Génesis 32:9-11

Hay más aún. El miedo a Esaú llevó a Jacob a su mayor experiencia con Dios, cuando luchó con el ángel y recibió un nuevo nombre: Israel:

> [Jacob] quedándose solo. Entonces un hombre luchó con él hasta el amanecer. Cuando este se dio cuenta de que no

podía vencer a Jacob, lo tocó en la coyuntura de la cadera y esta se le dislocó mientras luchaban. Entonces dijo:

—¡Suéltame, que ya está por amanecer!

—¡No te soltaré hasta que me bendigas! —respondió Jacob.

—¿Cómo te llamas? —le preguntó el hombre.

—Me llamo Jacob —respondió.

Entonces le dijo:

—Ya no te llamarás Jacob, sino Israel, porque has luchado con Dios y con los hombres y has vencido.

—Génesis 32:24-28

Hay un beneficio secundario al experimentar el miedo al hombre. Es una trampa, sí; seguramente desviará tus ojos de Dios y te hará desobedecer su Palabra. Pero también puede llevarte a buscar a Dios.

Siempre que Dios dice: "No temas", no se está refiriendo al temor de Dios; se refiere al temor al hombre, al miedo a perder tu reputación por lo que la gente diga o piense; el miedo a perder tu trabajo, tu hogar o tu dinero.

OTROS TIPOS DE MIEDO

David dijo: "El Señor es mi luz y mi salvación; ¿a quién temeré?" (Salmos 27:1). Nota que no dice "qué" temeré sino "a quién". Esto se refiere a personas.

Dicho esto, aunque no es el tema de esta obra, hay un temor aparte del miedo al hombre, a saber, lo *que* podríamos temer. El salmista dijo que seríamos protegidos de la "trampa del cazador y de la peste destructora" (Salmos 91:3 RVR1960). El cazador al que se refiere es una persona que usa una trampa para atrapar aves. No es probable que muchos de nosotros tengamos que temer eso. Pero Dios nos asegura que la persona que "mora bajo el abrigo del Altísimo" y permanece "a la sombra del Todopoderoso" está protegida de todo tipo de miedo. Supondría que un equivalente de ello sería el miedo al robo, a un huracán, un tornado, a las inundaciones o a los incendios. La "peste destructora" se traduce en otro lugar como una enfermedad devastadora o "mortal". Eso podría referirse al cáncer o al COVID. He pasado por varios huracanes. ¿Me he asustado algo en esas ocasiones? Claro que sí. Los tornados pasan por donde vivimos en Tennessee todo el tiempo. ¿Qué si me ha dado miedo en tiempos como esos? Por supuesto que sí. Los cristianos mueren por cáncer y por COVID. La mayoría de nosotros temería a los animales salvajes si estuviéramos en un bosque, especialmente de noche. Parte de la tentación de Jesús fue estar con "animales salvajes", lo que debe significar que fue probado con el miedo a ellos ya que los ángeles "le ministraron" (Marcos 1:13). Además de esos, está el miedo a la guerra. Uno desearía que ese temor desapareciera para siempre. Pero será así, Jesús dijo que los últimos días se caracterizarían por guerras y rumores de guerras (Mateo 24:6).

¿Tenemos respuesta para aquellos que pueden querer mencionar el miedo a cosas como esta? Juan dijo que "en el amor no hay temor ... el amor perfecto echa fuera el temor". ¿Se refiere a todo tipo de temor? "El que teme ... no ha sido perfeccionado en el amor" (1 Juan 4:18). También pienso en el Salmo 112:7, que afirma: "No temerá recibir malas noticias". Claro que la gente teme las malas noticias. El salmista prevé a la persona que confía en Dios y se niega a alterarse fácilmente. El tipo de miedo al que Juan se refiere es a las personas, no a los accidentes o enfermedades. "El temor espera el castigo" (1 Juan 4:18). Juan quiere decir que cuando tememos por no ser perfeccionados en amor es porque tenemos amargura y falta de perdón, y queremos castigar. O tememos ser castigados. El amor perfecto echa fuera el temor que tiene que ver con el castigo hacia o de las personas. Creo también que Dios puede y les da a las personas valor —o les reduce el miedo— en tiempos de estrés. He experimentado esto, pero no siempre. Podemos recibir gracia para elevarnos por encima de una situación tensa, ya sea de noche o cuando estemos esperando el resultado de un examen médico. Creo que Dios puede hacer eso en situaciones especiales.

¿Hay una diferencia entre la falta de miedo y la valentía? Sí. Falta de miedo es cuando no tienes miedo en realidad. La valentía es cuando tienes miedo pero tomas una decisión valiente para hacer lo que el deber requiere, lo que agrada a Dios. La falta de miedo es casi seguramente un don del Espíritu Santo que puede ser otorgado en un momento de crisis. Si el Espíritu disminuyera, el miedo volvería. La valentía es cuando decides hacer lo que Dios te indica. Ese es un acto volitivo.

Dios no requiere que superemos el miedo a las enfermedades, los robos, los animales salvajes, los vientos fuertes ni a los incendios para agradarlo. Considero el Salmo 91:1, los beneficios de morar al refugio del Altísimo, como una promesa de que Dios nos cuidará cuando estemos en peligro. Es por eso que oro para que la sangre de Jesús cubra nuestro hogar, nuestro auto y el avión en el que estoy cuando viajo.

Todos tenemos que morir algún día. No estamos obligados a tener la fe del propio Dios (como dice la traducción griega de Marcos 11:22: "Tened fe de Dios") para agradarlo.

Sin embargo, cuando se trata del temor al hombre, de lo que la gente piensa, somos llamados a tomar decisiones con coraje, a resistir ser gobernados por lo que la gente piense. En algunos casos, puede haber quienes alcancen la falta de miedo cuando se trata del temor al hombre. Bien. Yo también quiero eso. Pero no estoy llamado a ello. Soy llamado a ser valiente. Eso significa que tengo que decir no cuando se trata de la tentación a complacer a las personas en vez de a Dios. Así como el temor del Señor es una decisión, también lo es rechazar ser gobernado por el miedo a las personas.

De esa elección es de lo que trata este libro.

CAPÍTULO 5

¿Por qué el temor al hombre es una trampa?

Temer a los hombres resulta una trampa, pero el
que confía en el Señor sale bien librado.
—Proverbios 29:25 (NVI)

Teme al temor que le tienes al hombre.
—Marshall Segal

Hay dos preguntas que haré después que llegue al cielo (pero no
en el siguiente orden): Primera, ¿por qué fui fanático del equipo de
béisbol de los New York Yankees? En Ashland, Kentucky, todas
las personas que conocía eran fans de los Cincinnati Reds. Segunda, ¿por qué Juan 5:44 —"¿Cómo va a ser posible que ustedes
crean, si reciben gloria unos de otros, pero no buscan la gloria
que viene del Dios único?— me impactó en la fase embrionaria
de mi ministerio? Se convirtió en el versículo clave por el cual
busqué ser regido por más de sesenta y cinco años. Todo lo que
sé es que desde temprano se me dio el deseo de agradar a Dios
y no al hombre. Aprendí más tarde que el temor al hombre es
peligroso. La Biblia dice que es una trampa.

¿Por qué el temor al hombre es una trampa? Principalmente
por lo siguiente: tu miedo a lo que la gente dirá sobre ti puede
hacer que pierdas el próximo paso que Dios te indique en tu

viaje. ¡No vale la pena! Pero eso es en lo que el diablo te hará enfocar: en tu reputación.

No hay nada malo en tener una buena reputación. Después de todo "Vale más el buen nombre que las muchas riquezas" (Proverbios 22:1). "Vale más el buen nombre que el buen ungüento" (Eclesiastés 7:1). Pero, ¿acaso uno obtiene un buen nombre mirando por encima del hombro para discernir lo que la gente buena y respetable dirá? No. "En la multitud de consejeros hay seguridad", sí (Proverbios 11:14, RV1960). Busca siempre buenos consejos. Pero a veces tienes que tomar una decisión final tú solo. "En mi primera defensa, nadie estuvo a mi lado, sino que todos me abandonaron" (2 Timoteo 4:16). Aunque solo te rijan las mejores opiniones de la gente, si sabes en el fondo de tu corazón que esas personas no escuchan a Dios, seguirlos a ellos y no a Dios te hará terminar con muchos arrepentimientos y posiblemente hasta consumido. El buen nombre se obtiene buscando los elogios de Dios más que los de las personas (Juan 5:44). Vive de esta manera y tendrás pocos, si es que tienes alguno, arrepentimientos serios.

¿QUÉ ES UNA TRAMPA?

Una trampa es algo que te atrapa desprevenido: cuando estás mirando hacia otro lado, o cuando no crees que podría sucederte. La trampa engaña. No es probable que la veas venir, en caso contrario la evitarías. Te atrapa sin que te des cuenta. No tienes ni idea de que —repentinamente— estás atrapado en un lío o te tendieron una trampa. La trampa es lo que enreda. Es lo que te impide avanzar. Lo que impide el éxito. Lo que te impide alcanzar tu meta.

La trampa es un dispositivo utilizado para capturar aves o animales. Esas aves y esos animales que ves en los zoológicos fueron capturados de esta manera. Así también es como capturamos peces. Por ejemplo, soy capaz de agarrar un pez porque él no sabe que hay un anzuelo en el gusano que le ofrezco cuando estoy pescando en agua dulce o, si se trata de un camarón, en el agua salada. El cebo artificial le parece real al pez, pero es una trampa, un dispositivo de captura.

Como somos criaturas caídas, también somos vulnerables a la trampa. Esta puede atraparte en diversas maneras. Por ejemplo, con la adulación. La crítica, que puede desmoralizar. El dinero, que parece tan correcto y bueno cuando estás en dificultades financieras. El desánimo. El cansancio. El camino fácil. La ruta más corta. El camino más transitado. La puerta ancha.

Podemos caer en una trampa de nuestra propia creación. Puede que se llame "juicio natural": cosechas lo que siembras. Sí, puede ser el diablo, lo cual examinaremos a continuación. Por ejemplo, la falta de oración. El piadoso Josué cayó en la horrible trampa preparada por los gabaonitas porque no le presentó su propuesta a Dios, en oración, sino que negoció con ellos en sus términos (Josué 9:14-15). Israel pagó caro eso por generaciones.

> ¡Oh, cuánta paz sacrificamos a menudo; oh, cuánto dolor innecesario soportamos; todo porque no llevamos todo a Dios en oración!
>
> —Joseph Scriven (1819-1886)

Querido lector, ¿cuánto oras? ¿Cuánto tiempo dedicas a la oración? La caída comienza en las rodillas.

Somos vulnerables a la trampa porque no conocemos la Palabra de Dios. Es muy oportuno el mensaje del profeta que dijo: "Mi pueblo es destruido por falta de conocimiento" (Oseas 4:6). Se nos manda "estar siempre preparados para responder" a todo el que nos pida razón de la esperanza que hay en nosotros (1 Pedro 3:15). Se nos dice que manejemos correctamente la verdad (2 Timoteo 2:15). Una de mis mayores preocupaciones por la iglesia en el presente es que la gente no conoce sus biblias. Cuando empecé a predicar en 1954, muchos laicos conocían sus biblias, de principio a fin. Hoy, sin embargo, aun muchos predicadores no conocen las Escrituras que llevan bajo el brazo.

Por ejemplo, yo mismo no evitaría nunca diezmar. No es una garantía de prosperidad, pero he aprendido una lección tanto por la Escritura como por la experiencia: no puedes dar más que el Señor. Cuando predicaba sobre el diezmo en mis funciones pastorales, había quienes comprensiblemente cuestionaban mis motivos. Pero ahora estoy jubilado y predico la importancia del diezmo en todo el mundo. La única bendición que obtengo de predicar sobre ese tema es que estoy honrando conscientemente la Palabra de Dios.

Podemos tener mala salud porque no cuidamos nuestros cuerpos. Comer en exceso puede causar diabetes. Presión arterial alta. Enfermedades renales. Fumar causa cáncer. La inmoralidad sexual causa sífilis o SIDA. Beber en exceso puede dañar el hígado. La falta de ejercicio puede hacer que los músculos se debiliten y el resultado puede ser atrofia. "Úsalo o piérdelo", como dice el dicho.

Aplicar la verdad bíblica con sentido común nos permitirá evitar la trampa o verla venir y evadirla. La mejor manera de lidiar con una crisis es verla venir y evitarla. La mejor manera de no caer en pecado es evitar la tentación a la que sabes que eres vulnerable. El sermón del antiguo predicador Ambrosio (340-397) que convirtió a San Agustín de Hipona (354-430) se basaba en este texto:

> La noche está muy avanzada y ya se acerca el día. Por eso, dejemos a un lado las obras de la oscuridad y pongámonos la armadura de la luz. Vivamos decentemente, como a la luz del día, no en orgías y borracheras, ni en inmoralidad sexual y libertinaje, ni en desacuerdos y

envidias. Más bien, revístanse ustedes del Señor Jesucristo
y no se preocupen por satisfacer los deseos de la carne.

—Romanos 13:12-14

El diablo es el arquitecto de las trampas. Tiene una lista de
nuestras personalidades, nuestras fortalezas y nuestras debilidades
en su computadora.

El diablo tiembla cuando ve
Al más débil santo sobre sus rodillas.

—William Cowper (1731-1800)

El diablo tiene una manera, bajo los ojos protectores de nuestro
Padre celestial, de tentarnos de acuerdo a nuestras debilidades.
De alguna forma, es capaz de poner a una persona en tu camino
que te tentará más fácil y rápidamente.

LA TENTACIÓN INTELECTUAL

Una vez busqué el consejo de Francis Schaeffer (1912-1984), un
gran apologeta cristiano. Me dijo algo que nunca he olvidado:
"La tentación intelectual es como la sexual; nunca sabes cuán
fuerte serás". Algunos de nosotros podemos sentirnos tentados a
parecer intelectuales. Otros pueden querer mostrar cuán brillantes
son apelando a la gente a cierto nivel intelectual. Una vez me
sentí tentado a seguir la ruta filosófica. Es decir, estudiar filosofía: Platón, Aristóteles, Kant, filosofía existencial. Las palabras
de Francis Schaeffer me hicieron reflexionar, por lo que decidí
desde ese momento quedarme con las Escrituras y ser un simple
maestro de Biblia.

Sin embargo, salí de Oxford con otra gran tentación: ser un
teólogo de talla mundial. Mi tesis en esa universidad no fue
popular entre muchos ministros reformados. Quería demostrar

que tenía razón en mi tesis. Pero debido a la influencia de Arthur Blessitt, estuve a punto de morir una noche de viernes cuando supe que Dios quería que fuera ganador de almas más que teólogo. Nunca he visto atrás ni me he arrepentido. Juan 5:44 fue lo que estuvo detrás de mi decisión.

Para los lectores que no lo conocen, Arthur Blessitt ha llevado una cruz de madera (que él mismo hizo) literalmente alrededor del mundo. Por más de cincuenta años, ha caminado a través de Estados Unidos, Canadá, Europa, Asia, África, Australia, Sudamérica y muchos otros países, incluso los más pequeños. Fue incluido en el *Libro Guinness de los Récords Mundiales* por la caminata más larga del mundo, ¡aproximadamente sesenta mil kilómetros! Por eso me atrevo a predecir que habrá más personas en el cielo que fueron convertidas por un encuentro personal con Arthur Blessitt que por cualquier otro evangelista.

Es mi opinión que la mayoría de los predicadores, profesores teológicos, maestros, iglesias, seminarios, colegios cristianos y universidades bíblicas se vuelven liberales por una razón: quieren parecer intelectuales. Estar a la vanguardia. No atrasados. Para obtener el respeto del mundo. Es pura soberbia y el deseo de aprobación humana lo que está detrás de eso.

LA TENTACIÓN DE AGRADAR A LAS PERSONAS

Esta es casi seguramente nuestra mayor tentación. Si Dale Carnegie (1888-1955) tenía razón, al afirmar que el mayor impulso en la humanidad es el deseo de sentirse importante, entonces nuestra mayor tentación probablemente será agradar a las personas. Y aun así, la ironía es esta. A menudo intentaremos agradar a personas a las que no les interesa eso. Mi abuelo Kendall solía decir: "No te preocupes por lo que la otra persona esté pensando;

lo más probable es que no esté pensando en ti, en absoluto". También somos propensos a intentar agradar a personas a las que no les importa mucho nada, aunque piensen en nosotros. De modo que, por lo general, no tratamos de agradar a las personas que nos aman, sino a aquellas que pueden estar celosas de nosotros o incluso buscando una oportunidad para decirnos: "¡Te atrapé!", cuando cometemos un error. ¿Quién puede resistirse ante los celos? (ver Proverbios 27:4). No hay nada en esta tierra que puedas hacer para agradar a las personas que tienen celos de ti. Y, sin embargo, permitimos insensatamente que sus opiniones nos afecten.

Pedro quería agradar a los judíos más que a cualquier otro grupo, así que cuando ellos aparecieron mientras él estaba pasando tiempo con los gentiles, Pedro dejó apresuradamente a estos últimos por miedo a los judíos (Gálatas 2:12). ¿Logró ganarse a los judíos como resultado? Lo dudo. Santiago reprendió a los judíos cristianos en Jerusalén por conceder favores especiales a las personas ricas que acudían a la iglesia (Santiago 2:1-6). ¿Tuvo éxito? No. Los alejaron y perdieron también a los pobres. Una pareja de misioneros dejó el país de India para observar el avivamiento galés (1903-1904) pero fue informada por amigos en Londres de que todo era "emocionalismo galés". En vez de ir a Gales para verlo en persona, regresaron a India para no ofender a sus amigos.

Pablo dijo: "Pues, ¿busco ahora el favor de los hombres, o el de Dios? ¿O trato de agradar a los hombres? Si todavía agradara a los hombres, no sería siervo de Cristo" (Gálatas 1:10). Sin embargo, cuando hablamos de "agradar a los hombres", esa es una frase que a menudo significa estar motivado por el temor al hombre; es decir, por la desaprobación de las personas. Su aprobación no vale nada, pero muchos de nosotros tontamente dejamos que nos afecte.

LA TENTACIÓN DE PROTEGER TU REPUTACIÓN

Aunque el buen nombre es preferible a las grandes riquezas (Proverbios 22:1), y ningún ser humano cuerdo perseguiría una mala reputación, podemos convertir nuestro prestigio en un ídolo. Las últimas palabras de 1 Juan son: "Hijitos, guardaos de los ídolos" (1 Juan 5:21). Un ídolo no es necesariamente una imagen de madera o un dios de piedra que la gente puede ver. Es cualquier cosa que pueda alejarte de desear la honra y alabanza que viene del único Dios.

Una vez convencí a un amigo y compañero de pesca, que era un reformado acérrimo, para que se convirtiera en bautista del sur. No solo eso, lo recomendé a una iglesia que más tarde lo llamó para que fuera su pastor. Ya está en el cielo. Pero nunca me invitó a predicar en su iglesia, ni siquiera vendió mis libros. ¿Por qué? Mi reputación con la mayoría de los pastores reformados (que no me querían mucho). Para él era muy importante que sus amigos no supieran que éramos cercanos.

Jesús no pensó en su reputación cuando se trataba de aquellos a quienes eligió, pasó tiempo con ellos o aprobó. Llámalo audacia o valentía, tú y yo deberíamos ser así. Cuando Billy Graham fue criticado por ser amigable con el Arzobispo de Canterbury hace años, respondió: "Él me necesita".

LA TENTACIÓN SEXUAL

El diablo a menudo te tienta halagándote. Por lo general, las mujeres son tentadas por los halagos y el contacto; los hombres, basta con la vista. Pero los hombres también son fácilmente tentados por la adulación. Satanás sabe exactamente qué te tentará y el tipo de persona que te atraerá. Billy Graham dijo que el diablo parece que consigue el setenta y cinco por ciento de las mejores personas de Dios a través de la tentación sexual.

José, el hijo favorito de Jacob, obligado a vivir en Egipto, no podría haber sabido que la esposa de Potifar era una trampa. Tampoco sabía que Dios lo había señalado para ser un futuro gobernador de Egipto. José evitó caer en su trampa y se convirtió en un héroe por los siglos. Lo que más admiro de José es que resistió la tentación sexual aunque nadie probablemente descubriría si se acostaba con la señora Potifar. Ella no se lo diría a su esposo. Nadie en Egipto se enteraría, a menos que ella lo contara. Ninguno de la familia de José, en Canaán, se enteraría nunca. Podría haber pensado: "No merezco estar aquí. No he hecho nada malo. Dios permitió que esta situación sucediera. Así que entenderá si cometiera adulterio en este caso". José no recurrió a ninguna de esas excusas. Su razón para rechazar acostarse con ella fue, en primer lugar, que "tu esposo confía en mí"; y, segundo que Dios lo sabe: "¿cómo, pues, haría yo este gran mal y pecaría contra Dios?" (Génesis 39:9). Él tenía integridad y un deseo de agradar a Dios. ¡Y eso fue antes de que aparecieran los Diez Mandamientos!

Lo siento, pero los líderes cristianos —en la actualidad— están cayendo moralmente semana tras semana. Ellos también supusieron que no serían atrapados. El adulterio es un pecado grave contra Dios (1 Tesalonicenses 4:6) y hace mucho daño a la iglesia y a su reputación. ¿Puedo decirte una palabra particular, amigo lector? Si tú, mientras lees estas líneas, tienes una aventura amorosa, o piensas tener una, por favor escucha: detente. Ya. Solo es cuestión de tiempo antes de que desearías dar mil mundos para devolver las agujas del reloj a esta hora. Te advierto:

"Ten por seguro que tu pecado te alcanzará".

—Números 32:23

Dios honró a José por su integridad y su temor de él. *Así que también hará lo mismo por ti.*

LA TENTACIÓN FINANCIERA

Porque el amor al dinero es la raíz de toda clase de males.
Por codiciarlo, algunos se han desviado de la fe y se han
causado muchísimos sinsabores.

—1 Timoteo 6:10

No sabemos qué causó la caída de Demas. Parecía estar en
buena comunión con Pablo cuando este escribió Colosenses
(4:14). Pero algo sucedió después de eso. No sabemos si fue
tentación intelectual, sexual o financiera o, en definitiva, qué
fue. Pero en la última carta de Pablo dijo, tristemente: "Demas,
por amor a este mundo, me ha abandonado" (2 Timoteo 4:10).

Juan describió la mundanalidad como "los deseos de la
carne, los deseos de los ojos y la soberbia de la vida" (1 Juan
2:16). La soberbia de la vida se enfoca en el aquí y el ahora,
más que en la eternidad. Eso se conecta, tarde o temprano,
con el dinero. Sin embargo, no es el dinero la raíz de todos
los males; es el amor al dinero. Todos necesitamos dinero.
Hay un aspecto en el que "el dinero es la respuesta a todo"
(Eclesiastés 10:19). Al mismo tiempo, una de las tendencias
más alarmantes en nuestra generación ha sido la aparición
de los énfasis en la "salud y la riqueza", "dilo y reclámalo", y
"créelo y recíbelo", especialmente en las redes sociales religio-
sas. Esta tendencia juega directamente con el amor al dinero
y la codicia de las personas. No querría estar en los zapatos
de los que han construido sus ministerios basados en este tipo
de énfasis. Como lo dijo R. G. Lee (1886-1978) en su famoso
sermón: "Día de pago, algún día". Estos predicadores paga-
rán. Algún día. Este método no solo ha llevado a las personas
teológicamente a una condición superficial, sino que las ha
dejado concibiendo a un Dios que solo refleja sus deseos. No

es el Dios de la Biblia, sino el dios que han proyectado sobre el telón de fondo del universo.

A un pastor chino se le dio un recorrido por algunas iglesias estadounidenses de toda clase. Al final del recorrido, se le preguntó: "¿Qué piensa del cristianismo estadounidense?". A lo que respondió: "Me sorprende cuánto logran sin Dios".

El hombre por el que me dieron mi nombre, el Dr. R. T. Williams, dio este consejo a los ministros: "Cuidado con dos cosas: el dinero y el sexo. Si estalla un escándalo en cualquiera de estos casos, Dios puede perdonarte, pero la gente no".

CARÁCTER IRRITABLE

Ese soy yo. "El necio muestra enseguida su enojo" (Proverbios 12:16). Me avergüenza admitir que me muestro como un necio con demasiada frecuencia. Esto puede sorprenderte, pero toda mi vida he tenido este problema. ¿La causa? No sé, aparte del pecado original. Uno de los cristianos más estimados en Inglaterra dijo, justo antes de morir a la edad de ochenta y nueve años: "Toda mi vida he tenido problemas para controlar mi temperamento. Nunca lo superé. Todavía lo tengo". Aunque eso me alentó un poco, comprobé que a la miseria le agrada la compañía; todavía estoy trabajando en eso. El diablo es astuto y sabe exactamente qué me hará hablar con impaciencia, ya sea a Louise, a uno de mis hijos o tratando de hacer reservaciones de avión en línea.

Recuerdo haberme sentado junto a la esposa de Martyn Lloyd-Jones en su fiesta de cumpleaños noventa. Una persona al otro lado de la habitación comenzó a irritarme. La señora Lloyd-Jones captó mi enojo, aunque no dije una palabra. De modo que me susurró: "Acepta a las personas como son". Ella me dijo que una vez tuvo un problema con su temperamento, pero lo superó. ¡Todavía espero hacerlo!

APRENDE A NO CONFIAR EN TI MISMO

Quizás deberíamos temer estas dos cosas: (1) a nuestro temor al hombre por lo que nos llevará a hacer y (2) al vasto potencial de nuestros corazones para desagradar a Dios. Aquí hay tres textos que deberías conocer íntimamente:

> Nada hay tan engañoso como el corazón.
> No tiene remedio.
> ¿Quién puede comprenderlo?
> —Jeremías 17:9

> Yo sé que en mí, es decir, en mi carne, nada bueno habita.
> Aunque deseo hacer lo bueno, no soy capaz de hacerlo.
> —Romanos 7:18

> Si afirmamos que no tenemos pecado, nos engañamos a nosotros mismos y la verdad no está en nosotros.
> —1 Juan 1:8

Mis orígenes nazarenos, lamentablemente, me prepararon para esperar la idea de la perfección sin pecado. La mayoría de los nazarenos que conozco hoy se distanciarían de la noción de ser perfectamente sin pecado. Pero ese no fue el caso mientras crecía. Oré una y otra vez, y otra vez, y otra vez, para ser santificado por completo. La palabra "completo" en 1 Tesalonicenses 5:23 (RV1960) es lo que dio lugar a la expresión "entera santificación". Eso se veía como una crisis espiritual instantánea que se debía experimentar conscientemente y no como un proceso que espera la glorificación. El pasaje de 1 Juan 1:8 me llevó a dejar de creer que estaba sin pecado. Si "decimos" que no tenemos pecado, nos engañamos a nosotros mismos, dijo Juan. Sí, decimos eso. Me enseñaron a decirlo. A pensarlo. Pero fue mi bautismo con el Espíritu Santo lo que me liberó para aceptar 1 Juan 1:8. La experiencia del Espíritu me llevó a ser consciente del pecado y la sinceridad.

Cuando descubrí Jeremías 17:9, que el corazón es engañoso sobre todas las cosas y perverso, me sentí identificado. Eso era yo. También cuando Pablo dijo: "En mi carne no habita el bien". No pude evitar ver cómo la gloria del Señor llevó a Isaías a decir: "¡Ay de mí! Que estoy perdido" (Isaías 6:5).

La consecuencia de entender la naturaleza humana ha sido que nunca, nunca, debo confiar en mí mismo. Que nunca debo suponer que es un hecho, que si confió en que siempre actuaré bien, diré lo correcto, no cometeré errores, nunca fallaré, ni pronunciaré un comentario imprudente. Después de todo, "Si alguno no tropieza en palabra, este es un hombre perfecto" (Santiago 3:2), habiendo dicho justo antes, "Todos tropezamos de muchas maneras". Asimismo, sé que siempre amaré la alabanza, temeré la crítica, esperaré los halagos y seré crítico con los demás. Eso es lo que quiere decir Jeremías. Es lo que significa Juan. Lo que significa Pablo. Por eso Pablo también pudo decir: "Así que, el que piensa estar firme, mire que no caiga" (1 Corintios 10:12).

Así que temo al temor del hombre. Me siento muy vulnerable. Soy susceptible a ser influenciado por lo que la gente piense o diga y no enfocarme en lo que Dios piensa o dice.

Por ejemplo, prediqué muchos años pensando más en la aprobación teológica de mis oyentes que en ganar a los perdidos o alentar a los santos. Había personas que tomaban notas de mis predicaciones y luego escribían libros y artículos sobre mi enseñanza. No era fácil desestimar a esas personas cuando estaban presentes solo para encontrarme fallas. F. F. Bruce dijo que hay dos tipos de escoceses: los que les encanta escuchar el evangelio predicado y los que vienen a ver si se predicó el evangelio. ¡De eso es de lo que he tenido que librarme!

OCHO RAZONES POR LAS QUE EL TEMOR
AL HOMBRE ES UNA TRAMPA

Primero, el temor al hombre te hará enfocarte en todo excepto en Dios. Te dices a ti mismo: "¿Qué dirá la gente?". "¿Qué dirán mis amigos?". "¿Qué dirá mi enemigo?". Esta es una de las razones por las que Pablo dijo:

> No se preocupen por nada; más bien, en toda ocasión, con oración y ruego, presenten sus peticiones a Dios y denle gracias.
>
> —Filipenses 4:6

El temor al hombre es una señal de que debes orar. Y ser agradecido. Enfocarte en Dios. Buscarlo.

> Puse en el Señor toda mi esperanza; él se inclinó hacia mí y escuchó mi clamor. Me sacó de la fosa fatal, del lodo y del pantano; puso mis pies sobre una roca, y me plantó en terreno firme. Puso en mis labios un cántico nuevo, un himno de alabanza a nuestro Dios. Al ver esto, muchos tuvieron miedo y pusieron su confianza en el Señor.
>
> —Salmos 40:1-3

Recuerda: ora siempre "con acción de gracias". Cuando Jacob estaba muerto de miedo, oró; recuerda que se refirió al "amor inagotable y toda la fidelidad que has mostrado a tu siervo" (Génesis 32:10).

Se nos dice que pongamos nuestro afecto en las cosas de arriba, no en las cosas de la tierra (Colosenses 3:2). Debemos mantener nuestros ojos en Jesús (Hebreos 12:2).

¿Estás en una crisis?

Pon tus ojos en Jesús, mira de lleno en su rostro
maravilloso,
Y las cosas de la tierra se volverán extrañamente
tenues,
En la luz de su gloria y su gracia.

Helen Howarth Lemmel (1863-1961)[1]

Segundo, el temor al hombre es una trampa porque sobrees-
timamos el valor y el beneficio de lo que la gente puede hacer
por nosotros.

El Señor está conmigo y no tengo miedo; ¿qué me puede
hacer un simple mortal? El Señor está conmigo, él es mi
ayuda; veré por los suelos a los que me odian. Es mejor
refugiarse en el Señor que confiar en el hombre. Es mejor
refugiarse en el Señor que confiar en gente poderosa.

—Salmos 118:6-9

¿Quiénes podrían ser "príncipes" si no estás en contacto
con la familia real? Respuesta: Los que tienen dinero. Gente
bien conectada. Personas en las que confías y admiras. Figuras
de autoridad. O aquellos cuya conexión con personas importantes podría hacerte progresa. Aquellos cuya recomendación
necesitas.

Si Dios levanta a esas personas, está bien. ¡Pero asegúrate de
que lo haga él!

El predicador Charles H. Spurgeon dijo una vez: "Miré a Cristo, y la paloma de la paz llenó mi corazón. Miré a la paloma, y
voló".[2] Por eso siempre debemos estar mirando a Jesús (Hebreos
12:2). La "paloma" en este caso podría ser la persona que piensas
que podría ayudarte. Podría ser el dinero que crees que necesitas. Incluso podría ser la respuesta a la oración que buscas. He
vivido lo suficiente como para testificar que cada persona que

alguna vez comencé a admirar mucho, tarde o temprano me decepcionó. No es su culpa. Es mía. Debí enfocarme en Dios, no en la gente, ni incluso en la mejor. Los mejores hombres son hombres, al fin y al cabo.

No siempre es fácil. Pero uno debe enfocarse en Dios y seguir confiando en él. Él responderá. Nunca es demasiado tarde, nunca demasiado temprano, sino siempre *justo a tiempo*.

Tercero, el temor al hombre puede hacerte sobreestimar el daño que la gente podría causarte. Louise y yo soportamos varias crisis durante nuestros veinticinco años en la Capilla de Westminster. Lo que las hizo tan serias es que temía perder mi posición como ministro. Temía que la gente ya no me quisiera. Que la opinión pública nos enviara de vuelta a casa. Pero sucedió algo que me convenció de que estaba acabado, que no tenía futuro. Cuando fui traicionado y decidí contarle mi agonía a mi viejo amigo Josef Tson, supuse que me echaría el brazo alrededor del hombro y me diría: "Desahógate". Pero lo que me dijo fue: "RT, debes perdonarlos totalmente o estarás atado".

Lo que pensé que fue lo peor que me había pasado resultó ser lo mejor que me ocurrió. ¡Así también con cada crisis sucesiva! En cada caso temía que la iglesia me despidiera. Sin embargo, a quien echaron fue a mi oposición. Algunas de esas crisis fueron ataques satánicos, momentos en los que vi concretamente los excesos del diablo y cómo lo hace. Los ataques satánicos, como veremos más adelante, siempre resultan en que el diablo sea derrotado y públicamente avergonzado.

El diablo intentó poner el foco en aquellos que se oponían a mí y hacerme pensar que mi destino estaba en sus manos. ¡Pero eso era incorrecto! Mi destino está en las manos de Dios. Dios me puso en la Capilla de Westminster sin que yo moviera un dedo. El principio de Gálatas 3:3, lo que el Espíritu comienza, el Espíritu lo llevará a cabo, estaba en juego. ¡Dios aún no había terminado conmigo!

Así también contigo, querido lector. ¿Estás en una crisis? ¿Estás bajo un ataque que viene del diablo? ¡Ten buen ánimo! Satanás es un enemigo derrotado. Todos sus esfuerzos son fallidos. Como dice el viejo axioma: "Esto también pasará". Romanos 8:28 es cierto: "todas las cosas ayudan a bien, para los que son llamados conforme a su propósito".

Cuarto, el temor al hombre hará que te tomes demasiado en serio. Vimos cómo instruyó Abraham a su esposa, Sarai, para decirles a los egipcios que ella era su hermana. Abraham se tomó muy en serio a sí mismo. Por eso le dijo a ella: "Di que eres mi hermana, *para que me vaya bien* por causa tuya" (Génesis 12:13, énfasis añadido). Abraham se tomó en serio a sí mismo. Debió haber sabido más. Le habían dado una de las promesas más grandes de toda la Biblia:

> "Haré de ti una nación grande y te bendeciré; haré famoso tu nombre y serás una bendición. Bendeciré a los que te bendigan y maldeciré a los que te maldigan; ¡por medio de ti serán bendecidas todas las familias de la tierra!".
>
> —Génesis 12:2-3

Cuando llegué por primera vez a la Capilla de Westminster me tomé demasiado en serio. Acababa de recibir el doctorado de Oxford y quería que la gente me llamara Dr. Kendall. Temía que no me respetaran si me llamaban RT. Sería tonto afirmar que no me queda ninguna inseguridad, por supuesto que sí, ¡pero estoy un poco mejor en ese departamento de lo que estaba! Llámame RT.

Quinto, el temor al hombre te hará ser menos enseñable y menos receptivo a la crítica. El temor al hombre puede hacernos defensivos. Algunas personas viven a la defensiva día y noche. Esto implica que no tienes libertad. Pero donde está el Espíritu del Señor, ahí hay libertad (2 Corintios 3:17). El resultado puede ser que nunca aprendamos nada más. Es como si supiéramos todo y no quisiéramos reconocer cuando somos ignorantes en alguna área.

Todos tendemos a odiar la crítica. Somerset Maugham (1874-1965) escribió: "La gente te pide críticas, pero solo quieren elogios".[3] Muy cierto. Soy así. Envío mis manuscritos a mis amigos para que me critiquen pero me retraigo si lo hacen. Sin embargo, estoy más endeudado con las críticas de las personas a lo largo de mis años que con sus elogios. No aprendemos mucho cuando las personas afirman lo que ya hemos dicho; podemos aprender mucho cuando nos muestren algo en lo que no habíamos pensado. Un amigo mío, en Inglaterra, me advirtió amablemente respecto a algo que dije hacía solo un par de años. Sus palabras constituyeron un cambio de paradigma para mí. Me dolió bastante. Pero era, exactamente, lo que necesitaba.

Alguien que no conocía muy bien leyó el manuscrito de mi libro más reciente y dijo algo que me golpeó fuerte. Lo que dijo fue correcto, sin embargo, me avergonzó mucho. Cambió completamente mi libro. Terminé dedicándoselo a él y a su esposa.

Sexto, el temor al hombre te impedirá sentirte cómodo contigo mismo tal como eres. "Sé tú mismo más Dios", solía escuchar a la gente decir. ¿Por qué ser tú mismo? Porque así es como Dios te hizo. Usó tu herencia y entorno para hacerte como eres. Estás conectado de tal manera que nadie es como tú. Dios quiere que te gustes a ti mismo. Si dices: "Me odio a mí mismo", le das una bofetada a tu Creador. A él le agrada que te gustes a ti mismo.

Una de las cosas más difíciles que tuve que hacer fue ser yo mismo en el púlpito de la Capilla de Westminster. Me asombraba la historia de la iglesia, sobre todo en lo referente a hombres como G. Campbell Morgan y Martyn Lloyd-Jones. Sabía que no era como ellos y que nunca podría predicar tan bien. Pensé que debía cumplir con las expectativas de la gente y justificar por qué me eligieron.

El temor al hombre me paralizó. Cuán cierto: el temor al hombre es una trampa. Cuando me reconcilié con la forma en que Dios me hizo y con que no había pedido ser su ministro, al fin fui —más y más— yo mismo. Comencé a ser en el púlpito, el mismo hombre que era con mis amigos. Tuve una buena sensación. Ah sí, muchos, los mismos a los que no les agradaba mi teología reformada, me criticaron por las anécdotas personales. Recuerdo algo que el presidente Harry S. Truman (1884-1972) solía decir: "La persona que intenta complacer a todos no complace a nadie".

También es cierto, por supuesto, ¡que quien intenta complacer a Dios no complacerá a los demás! Pero es la mejor manera de vivir, cuando realmente eres fiel a ti mismo.

Séptimo, el temor al hombre te impedirá ser fiel a ti mismo. Eso fue lo que dijo William Shakespeare (1564-1616)[4]: "Sé fiel a ti mismo". Y no es un versículo bíblico, pero ciertamente se equipara a Romanos 14:19: "sigamos lo que contribuye a la paz". Esto incluye la paz interior, lo que sientes en lo más profundo de tu corazón.

Como ya dije, cuando eres fiel a Dios, serás fiel a ti mismo. Dios nunca te llevará a violar tu conciencia. La paz con Dios que viene de la fe en la sangre de Jesús, no nuestras obras (Romanos 5:1), conduce a la paz de Dios, que sobrepasa todo entendimiento (Filipenses 4:7).

Considera preguntarte lo siguiente: "¿Soy fiel a mí mismo?" cuando estés con ciertas personas. Cuando adoptes un conjunto de creencias. Cuando aceptes o rechaces una invitación específica. Cuando vayas a un lugar en particular. Cuando digas lo que dices y hagas lo que haces. En otras palabras, ¿cómo te sientes? Nuestros instintos no están ahí por nada. Es cierto que algunos, debido a la desobediencia a Dios, desarrollan una conciencia cauterizada. Pero eso nunca le sucederá a la persona que anda en la luz de Dios (1 Juan 1:7).

La mejor y más grande decisión que tomé durante mis veinticinco años en Londres (aparte del consejo de Josef Tson sobre el perdón total) fue invitar a Arthur Blessitt a predicarnos todo el mes de mayo de 1982. Nunca en mi vida había sentido "fuego en mis huesos" (Jeremías 20:9) hasta entonces. Cuando Arthur me dijo: "Si acepto esto, ¿me esposarás o me liberarás?". Dije: "Te liberaré". Sabía que sería costoso. Lo fue. Pero el costo valió toda la agitación, ansiedad y los problemas que surgieron con algunos de nuestros diáconos.

Cuando eres fiel a ti mismo, eres libre.

Octavo, el temor al hombre podría impedirte cumplir la voluntad de Dios en tu vida.

Esta es la línea de fondo en cuanto a por qué no deberíamos ser gobernados por el temor al hombre. Como le dijo Pablo a Timoteo, Dios no nos ha dado un espíritu de temor (2 Timoteo 1:7). Este temor es la herramienta del diablo para asustarte y forzarte a hacer lo que está en contra de la voluntad de Dios.

Creo que Jacob estuvo fuera de la voluntad de Dios por un tiempo. Esto se evidenció en la forma en que reaccionó ante sus hijos, que se vengaron de las personas que deshonraron a Dina:

> Entonces Jacob dijo a Simeón y Leví:
>
> —Me han provocado un problema muy serio. De ahora en adelante los cananeos y ferezeos, habitantes de este lugar, me van a odiar. Si ellos se unen contra mí y me atacan, me matarán a mí y a toda mi familia, pues cuento con muy pocos hombres.
>
> —Génesis 34:30

La reacción de Jacob fue por el temor al hombre, lo que ahora le pasaría. Pero Dios intervino y le dijo:

"Sube a Betel y quédate a vivir ahí. Erige allí un altar al Dios que se te apareció cuando escapabas de tu hermano Esaú".

—Génesis 35:1

Ese fue un momento crucial en la vida de Jacob. Pero recuperó su autoridad. Y le dijo a su familia y a quienes lo acompañaban:

"Desháganse de todos los dioses extraños que tengan con ustedes, purifíquense y cámbiense de ropa. Subamos a Betel.

Allí construiré un altar al Dios que me socorrió cuando estaba yo en peligro y que me ha acompañado en mi camino".

—Génesis 35:2-3

La familia hizo eso. Y he aquí, mientras viajaban, "un terror de Dios cayó sobre las ciudades que estaban alrededor de ellos, de modo que no persiguieron a los hijos de Jacob" (Génesis 35:5).

Esto es lo que sucederá cuando la iglesia se ponga en orden con Dios. El temor de Dios regresará.

Quizás necesites volver a Betel.

Dios tiene una voluntad para tu vida. Satanás trabajará horas extras para hacer que deseches la voluntad de Dios. Hará que las cosas parezcan "providenciales". Usará a una persona que admiras pero que podría ser un ángel de luz (2 Corintios 11:14). Una persona que generalmente ha sido sabia podría equivocarse, y que descuides lo que Dios está haciendo.

A continuación tenemos un acróstico [en inglés, con la palabra PEACE, que significa PAZ en español] que he compartido en todo el mundo en cuanto a cómo conocer la voluntad de Dios. Plantéate las siguientes cinco preguntas:

- **P.** ¿Es providencial? ¿Se abre la puerta fácilmente o tienes que derribarla?
- **E.** ¿Qué querría tu enemigo, el diablo, que hicieras? Haz lo contrario.
- **A.** Autoridad: ¿Qué dice la Biblia? Si no es bíblico, no tiene autoridad. No procedas.
- **C.** Confianza: ¿Aumenta o disminuye tu confianza? Debería aumentar si estás en la voluntad de Dios.
- **E.** Facilidad. ¿Qué sientes en lo más profundo de tu corazón?

Si los cinco puntos anteriores coinciden —no solo uno de cinco ni cuatro o tres, etc.—, tienes la palabra PAZ.

Lo opuesto al temor de Dios es el temor al hombre. Extrañamente, este último es el responsable de impedirnos optar por el temor de Dios. La mayor competencia en todo el universo podría decirse que es elegir el temor al hombre antes que el temor de Dios.

Sí, elegir. Debes hacer una elección consciente. Es un acto volitivo. ¡No esperes que Dios te derribe! Cuando veas la evidencia ante tus ojos, procede. Si no tienes la evidencia, no hagas nada.

Debido a que la gente "no *escogió* el temor del Señor" (ver Proverbios 1:29, RVR1960, énfasis añadido), la calamidad continuó. Eso no debe suceder. No debe sucederte a ti.

Un viejo mentor solía decirme: "No podemos salir de la voluntad de Dios a menos que lo deseemos". El Dios de la Biblia no está en el cielo esperando decirte: "¡Te atrapé!". No, no es así. Él quiere lo mejor para ti. "No quitará el bien a los que andan en integridad" (Salmos 84:11, RVR1960), cuando desees hacer su voluntad.

CAPÍTULO 6

Cómo superar el temor al hombre

Confía en Jehová con todo tu corazón, y no te apoyes en tu propia prudencia. Reconócelo en todos tus caminos, y él enderezará tus veredas.
—PROVERBIOS 3:5-6

La persona más peligrosa del mundo es aquella que no teme morir.
—JOSEF TSON

Cuando contemplé invitar a Arthur Blessitt a predicar en la Capilla de Westminster por seis domingos seguidos, como dije, sentí un fuego en mis huesos. Realmente tuve un atisbo de intrepidez: estaba dispuesto a obligarlo para que aceptara, independientemente del posible costo para mi reputación y seguridad como ministro de la Capilla de Westminster. ¿Qué me permitió sentirme de esa manera? La gente afirma que admiraban mi valentía. Pero no era valentía; ciertamente, no es así como yo lo veía. Valentía es lo que requerí *después*, sí, cuando implementé cambios *tras* la visita de Arthur. Pero la idea inicial de invitarlo nació de una determinación abrumadora que no conocía el miedo.

Arthur inició tres cosas durante sus seis semanas con nosotros en abril y mayo de 1982. Primero, extendió una invitación evangelística pública para que las personas confesaran a Cristo. Cuando mencionó algo sobre la invitación que haría, dije: "Arthur, aquí no hacemos eso". Él respondió: "¿No?". Luego accedí: "Bueno, si te sientes guiado, adelante". Él replicó: "Te puedo decir ahora mismo que sí lo estoy". Y así lo hizo. Cambió nuestra historia. Segundo, nos hizo entonar canciones contemporáneas además de los himnos antiguos. Eso fue nuevo y diferente para nosotros. Lo aceptamos. Tercero, logró que los que estuvieran dispuestos salieran a las calles a presentar el evangelio a los transeúntes. Esto se conoció como nuestro ministerio Pilot Light.

Durante la semana siguiente a la visita de Arthur, me consumí pensando si mantener lo que Arthur había iniciado o no. Sabía que, el domingo después de que él se fuera, podría anunciar: "Amigos, agradecemos a Dios por Arthur. Pero ahora volvemos a los negocios como siempre". Eso no habría requerido valentía y podría haber evitado la mayor prueba de toda mi vida: una prueba que duró casi cuatro años. Fue horrible.

El temor al hombre podría definirse como "ser gobernado por lo que crees que la gente podría decir o hacer". Imaginas lo que podría suceder si alguien bloquea tus planes con su influencia. Sientes que tu destino está en manos de alguien más. El temor al hombre es la rendición de tu autonomía, permitiendo que alguien te robe tus convicciones.

Superar el temor al hombre es un logro fenomenal. Pero hay dos cosas que deben observarse en esta etapa: (1) superar el temor al hombre puede ser temporal más que permanente, y (2) hay grados de intrepidez.

Mencioné la agonía de los años que siguieron a la visita de Arthur Blessitt. Bueno, culminó en una reunión de la iglesia. Lo recuerdo como si fuera ayer: 16 de enero de 1985. Mi nuevo ayudante, Jon Bush, presidió la reunión mientras yo observaba. Seis de nuestros doce diáconos habían decidido acusarme de herejía.

Les salió el tiro por la culata. Pero al comienzo de esa reunión eclesiástica nocturna realmente parecía que la iglesia se pondría del lado de esos diáconos. Cuando todo parecía totalmente sombrío —casi derrotado, tuve una visión de lo que parecía ser una columna de fuego, de unos veinticinco centímetros de diámetro y más o menos un metro de altura, a mi derecha— escuché estas palabras: "No te apoyes en tu propia prudencia" (Proverbios 3:5).

Minutos después, la marea cambió y la iglesia rechazó la acusación de los diáconos. Los seis fueron destituidos. Eso significaba que todo lo que había buscado preservar del ministerio de Arthur estaba seguro y protegido. En vez de abordar el próximo avión de regreso a Estados Unidos para retomar mi antiguo trabajo vendiendo aspiradoras puerta a puerta, me quedé otros diecisiete años. Nos jubilamos del pastorado el 1 de febrero de 2002, permaneciendo en la Capilla de Westminster un total de veinticinco años.

¿Por qué Dios me dio aquella visión de la columna de fuego con las palabras "No te apoyes en tu propia prudencia"? Después de todo, unos diez minutos más tarde, el enemigo fue derrotado. ¿Por qué recibí esta palabra de aliento? Lo compararía con Juan 11:35; ¿por qué lloró Jesús con María y Marta cuando planeaba resucitar a Lázaro unos minutos más tarde? Concluyo: el Señor empatiza con nosotros cuando estamos en nuestro punto más bajo, aunque sabe lo que sucederá más tarde. Es una de sus maneras amables y tiernas. Quiere que sepamos que él siente lo que sentimos (Hebreos 3:1; 4:15).

Al reflexionar en todo eso, en la visión de la columna de fuego y las palabras de Proverbios 3:5 que escuché, compruebo que Dios estaba conmigo. Pero curiosamente, antes de eso, nunca recibí una confirmación del Espíritu Santo de que estaba a mi favor y en contra de ellos. Hay una insinuación velada, en el Salmo 56, de que Dios a veces puede enviar una señal de que está de nuestra parte y en contra de nuestro enemigo:

Toma en cuenta mis lamentos; registra mi llanto en tu libro. ¿Acaso no lo tienes anotado? Cuando yo te pida ayuda, mis enemigos retrocederán. Una cosa sé: ¡Dios está de mi parte!

—Salmos 56:8-9

David afirma en su salmo que la derrota de sus enemigos demostró que Dios estaba de su lado. Podría concluir, por lo tanto, que nuestra victoria sobre los seis diáconos muestra que Dios estaba a mi favor y en contra de ellos en esa dolorosa situación. Sin embargo, nunca pude llegar a esa conclusión. Quizás debí haberlo hecho. Pero esos seis diáconos eran hombres respetables. Una vez fueron buenos amigos míos. Amaban mi enseñanza. Sin embargo, no podían soportar el ministerio y la influencia de Arthur Blessitt en la iglesia. La única forma de detener lo que estaba sucediendo, especialmente cantar coros, era deshacerse de mí. Sí, ¡fueron los coros cantados junto con los viejos himnos lo que más odiaba esa gente!

Eso me lleva a mi primer punto: cómo superar el temor al hombre. Debo confesar que lo que digo a continuación no estaba tan claro para mí hace cuarenta años como lo está ahora.

CUANDO ESTAMOS TOTALMENTE ENTREGADOS A LA GLORIA DE DIOS

Josué estaba ansioso por saber si Dios estaba a su favor o del lado del enemigo. Esto surgió cuando vio de repente, después de que los israelitas cruzaron el Jordán y esperaban una señal divina indicando qué hacer a continuación, a un hombre de pie frente a él con su espada desenvainada en la mano. Josué se acercó a él y le preguntó: "¿Estás de nuestra parte, o de la de nuestros adversarios?". La respuesta: ninguna. "No; pero yo soy el comandante del ejército del Señor. Ahora he venido" (Josué 5:13-14).

Hay una historia, de los días de la Guerra Civil en Estados Unidos, acerca de alguien que le preguntó al presidente Abraham Lincoln (1809-1865): "¿Está Dios de nuestro lado o a favor de ellos?". Él respondió: "Lo que importa es si estamos del lado de Dios".

Josué estaba a punto de aprender una de las lecciones más difíciles que cualquiera de nosotros debe aprender. Nos guste o no, *Dios está de su propio lado*; él existe para su propia gloria. Lo primordial en nuestra comprensión del Dios de la Biblia es que él es un Dios celoso (Éxodo 20:5). El hombre natural resiente esto en cuanto al verdadero Dios. Lo que queremos por naturaleza es un Dios que haga por nosotros lo que se nos antoje, cuando deseemos que lo haga, para mantenernos felices. La noción de un Dios que tiene una voluntad propia es rechazada por todos, es decir, hasta que el Espíritu de Dios nos cambia. Sin embargo, este cambio es lo que seguimos necesitando. Parte de ser cambiados de gloria en gloria es ver de nuevo lo que trae gloria a Dios.

Josué debía haber sabido que el verdadero Dios es un Dios de gloria, un Dios celoso. Moisés fue su tutor. Pero ahora que Moisés se había ido y él no tenía a quién recurrir, necesitaba descubrir a Dios por sí mismo, como si esa fuera una revelación nueva. La vista de este impresionante hombre, un ángel, iba a ser la próxima lección de Josué en los principios de la gloria de Dios.

Una de mis primeras lecciones vino de mi antiguo mentor, el Dr. N. B. Magruder (1914-2005), quien me sorprendió con esta desafiante declaración: "Mi disposición a renunciar a cualquier reclamo sobre Dios es la única evidencia de que he visto la gloria divina". Esto implica abandonar cualquier derecho. Vivimos en la era de los derechos; la gente quiere hacer valer sus "derechos". Transferimos esto a Dios, como si él nos debiera algo. Mientras tú y yo sintamos que Dios nos debe algo, eso muestra que no hemos llegado a amar al verdadero Dios, sino a un dios de nuestra imaginación.

Josué podría haber pensado que Dios le debía asegurar que estaba a favor de Israel. La verdad es que Dios estaba, *en efecto*, del lado de Israel. Pero consideró más importante, en ese momento, que Josué aprendiera más sobre Dios que saber con certeza que estaba a favor de Josué. A veces Dios retrasa la respuesta a nuestras oraciones para que aprendamos más sobre sus caminos. Dios lamentó que los hijos de Israel no conocieran sus "caminos" (Hebreos 3:10). Aquí hay un principio que te presento y que garantizo que te guiará de manera segura a lo largo de tu vida: estima los caminos de Dios como más importantes que cualquier otra cosa que desees.

Ver la gloria de Dios en persona, no indirectamente, te ayudará a eliminar el temor al hombre. Quedarás cautivado por su gloria, su voluntad. La gloria de Dios es la dignidad de su voluntad. Josué necesitaba ver esto. Eso preparó para conquistar Jericó. Ver la gloria de Dios, es decir, apreciar cuán real es, te permitirá estar solo y despreciar las opiniones de las personas. Dicho de otra manera: la gloria de Dios es su propia opinión. Dios tiene una opinión sobre todo; si honras su opinión, es una garantía de que estarás seguro y victorioso en todo lo que hagas. Sabiduría es obtener la opinión de Dios y honrarla.

Lo más relevante es el diagnóstico de Jesús sobre los judíos en cuanto a por qué no creyeron en él y, en consecuencia, perdieron la oportunidad de disfrutar a su Mesías: "¿Cómo pueden creer ustedes, que aceptan gloria unos de otros, pero no buscan la gloria que viene del único Dios?" (Juan 5:44). Cuando eliges el elogio, la honra y la gloria que vienen de Dios y no de las personas, estás en buen camino; diría que en un camino excelente, para lo que Dios hará por ti en el futuro. Dos cosas siguen: (1) te aseguras de que tomaste la mayor elección que jamás harás, y (2) encuentras la mejor manera de vivir.

Es mejor perder tu vida que malgastarla, como dijo John Piper.[1] Cuando optas por la honra de Dios antes que adulación del hombre, pierdes tu vida. La promesa de Jesús es maravillosa: cuando pierdes tu vida por el evangelio, la encuentras; si tratas de salvarla, la perderás (Marcos 8:35).

El temor al hombre es básicamente egoísta. Podemos estar consumidos por el temor de lo que la gente piensa de nosotros, lo que podrían hacernos o decir de nosotros. Pero cuando estás completamente, conscientemente del lado de Dios, queriendo solo lo que él quiere, el temor al fin desaparece. Lo que te lleva al amor perfecto, que expulsa todo temor (1 Juan 4:18).

La mayoría de nosotros tenemos una pregunta como esta cuando estamos pensando en obedecer la Palabra de Dios: ¿Qué hay en esto para nosotros? Estamos en la generación del "yo", como dije antes. En consecuencia, demasiada enseñanza bíblica hoy, ya sea en el púlpito o en los colegios bíblicos y los seminarios, básicamente pone esta pregunta en el foco de nuestras mentes: ¿Qué hay en esto para nosotros? La mayoría de la teología es antropológica, centrada en el hombre. Sin embargo, es hora de que la pregunta sea: ¿Qué hay en esto para Dios?

Cuando nos convencemos de que la pregunta adecuada es "¿Qué hay en esto para Dios?" y descubrimos qué es eso y seguimos adelante con ello, el temor al hombre está en camino a su desaparición.

EL GOZO DE AGRADAR A DIOS

Fui enormemente influenciado por un sermón que escuché en Trevecca hace muchos años; lo expuso el predicador nazareno C. B. Cox (1905-1976); y trataba acerca de Hebreos 11:5, en cuanto a que Enoc, antes de su traslado al cielo, testificó con su vida que "agradó a Dios". Ese sermón me llevó a mis rodillas como ningún otro que escuché antes. Allanó el camino para el impacto de Juan 5:44 (RVR1960) más tarde: "¿Cómo podéis vosotros creer, recibiendo honra los unos de los otros, y no buscáis la honra que viene del único Dios?", lo que se convertiría en mi principal búsqueda en la vida. Hebreos 11:5 no dice que Enoc agradó a sus amigos. O a sus padres. O a su esposa. O a sus enemigos. No, nada de eso. Agradó a Dios. Solo a Dios. No tengo vocabulario suficiente para revelar lo que la noción de agradar únicamente a Dios hizo en mi corazón y mi mente ese día.

Cuando Dios responde la oración, nos agrada. Cuando satisface nuestra necesidad, nos agrada. Cuando las cosas son suaves y no difíciles para nosotros, es porque Dios elige agradarnos. Nos encanta, y con suerte, somos agradecidos.

Te hago esta pregunta: ¿Qué te da más satisfacción, cuando Dios te agrada o cuando tú agradas a Dios?

¿Es esta una pregunta injusta?

Por supuesto, todos preferimos que Dios nos agrade. Pablo dijo que sabe lo que se siente al tener abundancia y también lo que se siente al ser humillado, cómo lidiar con la abundancia y cómo estar en necesidad (Filipenses 4:12). ¿Cuál crees que prefería Pablo? Fácil respuesta: tener abundancia, no tener necesidad ni sentir ningún dolor. ¡Por supuesto!

Pero te desafío: aprende a satisfacerte agradando a Dios.

Retrocedamos. ¿Quieres agradar a Dios? ¿Te emocionaría saber que lo complaces? Como observamos anteriormente, Enoc dio testimonio de que agradó a Dios (Hebreos 11:5) antes de ser llevado al cielo. Así que te desafío, querido lector, a obtener satisfacción cada vez que agrades a Dios.

Preguntarás: ¿Cómo podemos saber que agradamos a Dios? Sencillo, confiando en él aunque las cosas a tu alrededor no sean lo que deseas. Por ejemplo, hace algún tiempo pasé por un período en el que nada me salía bien, cuando estaba casi deprimido y sentía que Dios estaba escondiendo su rostro. Le suplicaba al Señor por un avance cuando de repente me vino a la mente: "RT, tú predicas que la gente debe obtener su satisfacción agradando a Dios. Ahora es el momento para que practiques lo que predicas. Así que agrada al Señor en este instante, aceptando las cosas como son".

Hebreos 11:6 dice que agradamos a Dios por fe, que sin fe es imposible agradarlo. Eso significa que cuando mantengo mis ojos enfocados en él, y no en las circunstancias a mi alrededor, puedo concluir con seguridad que estoy agradándolo. Y cuando veo eso, siento satisfacción. Dios sabe todo lo que estoy pensando. Él sabe todo lo que está sucediendo a mi alrededor. Por tanto, si las cosas son adversas, es probable que Dios me esté entregando en bandeja de plata el privilegio de saber que le agrado.

El punto es este. Cuando abrazo el privilegio de agradar a Dios por pura fe y estimo agradarlo más que a las personas, el temor al hombre desaparece.

EL TEMOR AL CASTIGO

El castigo, ser disciplinado, es inevitable si realmente eres hijo de Dios. A quien el Señor ama, disciplina (Hebreos 12:6). Si estamos sin disciplina, somos "hijos ilegítimos" (Hebreos 12:8). Esto significa que una medida de castigo vendrá a ti y a mí tarde o temprano; es evidencia de que realmente estamos salvados.

Dicho esto, hay grados de castigo y más de una razón que puede estar detrás del mismo. Primero, el castigo es esencialmente preparación, no que Dios "se vengue" porque pecamos. Dios se vengó en la cruz de Jesucristo. La sangre de Jesús satisfizo la ira de Dios. Entonces, ¿por qué nos castiga? Porque aún no ha terminado con nosotros. Tiene más que hacer con nosotros. Necesitamos corrección. Dios quiere que estemos a la altura de la tarea que tiene pensada para nosotros. Vamos a la escuela para aprender. Somos castigados para aprender los caminos de Dios. Como hemos visto, Dios quiere que conozcamos sus caminos.

Hay tres tipos de castigo: el interno (el plan A de Dios); el externo (plan B); y el terminal (plan C). El castigo interno es llevado a cabo por el Espíritu Santo mientras leemos la Palabra de Dios. Esa es la mejor manera de resolver tu problema. Lee la Palabra de Dios; obedece la enseñanza sólida. Ese es el plan A de Dios. Pero la mayoría de nosotros necesitamos algo externo antes de que Dios tenga nuestra atención. Dios envió el viento y el gran pez para tratar con Jonás. Los de Corinto estaban "débiles" y "enfermos" por el abuso de los creyentes en cuanto a la Cena del Señor (1 Corintios 11:30). Cuando el plan A no funciona, Dios recurre al B, que con suerte nos llevará a nuestras rodillas y nos traerá al arrepentimiento. Pero algunos en Corinto realmente murieron (1 Corintios 11:30). Juan lo llama "pecado que lleva a la muerte" (1 Juan 5:16-17). Esto es castigo terminal.

Aunque el castigo es esencialmente preparatorio porque Dios está en el proceso de equiparnos para el servicio, a veces Dios se recoge las mangas y hace lo que sea necesario para llamar nuestra atención. Puede ponerte de espaldas. Puede complicarte una inversión financiera. Puede ocultar su rostro. Hay mil maneras en que puede optar por llevarnos a la sumisión. Dios acudió a Jonás por "segunda vez" (Jonás 3:1). Pero si él no hubiera obedecido esa vez, Dios iba a ejecutar el castigo terminal. Supongo que este castigo es de dos tipos: unos sufren una muerte prematura y otros viven pero no pueden arrepentirse (Hebreos 6:4-6). El hermano de Jacob, Esaú, no pudo encontrar lugar de arrepentimiento aunque lo buscó con lágrimas (Hebreos 12:17).

El propósito del castigo es llevarnos a la santidad (Hebreos 12:10). El plan A puede hacer eso. Puede que necesitemos el plan B. Esperemos que ninguno de los que leen esto experimente el plan C, el castigo terminal. El resultado final será la salvación por fuego (1 Corintios 3:14-15).

David era un hombre conforme al corazón de Dios. Pero Dios no hace acepción de personas. El adulterio de David y el intento de encubrirlo con asesinato llevaron a un severo castigo para él (2 Samuel 12). David fue disciplinado por Dios, pero también es cierto que Dios aún no había terminado con él. David se arrepintió y se convirtió en un verdadero hombre de Dios en sus últimos años.

El temor al castigo es lo que nos mantiene a algunos en el camino estrecho. Dios puede ser resistente, incluso despiadado, con los suyos. Toma, por ejemplo, la inmoralidad sexual. Pablo advirtió que "el Señor es vengador" cuando se trata de sus propios hijos cayendo en pecado sexual (1 Tesalonicenses 4:3-7). Advertencia: "Ten por seguro que tu pecado te alcanzará" (Números 32:23). Otra advertencia: si has pecado con altivez, deliberadamente en contra de las exhortaciones explícitas de las Escrituras, y no has sido disciplinado, eso podría significar que no eres un verdadero hijo de Dios. No estoy diciendo que no estés salvado (no soy tu juez). Pero debería ser un momento especial para ti mientras lees estas líneas y admites que te has salido con la tuya con cosas bastante horribles. Agregaré algo más: si necesitas esta solemne palabra y no has sido castigado, tal vez Dios la use ahora para llamar tu atención, ¡*empleándola*, en realidad, el plan A en tu caso!

Dios usa el temor al castigo así como el castigo mismo para llamar nuestra atención.

¿Por qué razón? Para que nos convenzamos debidamente del pecado del temor al hombre. Dios quiere que le temas a él. No a las personas. Él es un Dios celoso.

Sin embargo, "él conoce nuestra condición; recuerda que somos polvo" (Salmos 103:14). No siempre contenderá. Él nos conoce absolutamente. Todos tenemos este problema con el temor al hombre y experimentamos las consecuencias de ser manipulados por lo que la gente piensa. Sin embargo, necesitamos evitar el temor al hombre con todo nuestro corazón.

APRENDE A RECHAZAR LOS ELOGIOS

A todos nos gustan los elogios. Cada predicador los disfruta inmediatamente después de su sermón, desde el gran Dr. Martyn

Lloyd-Jones hasta el Dr. Billy Graham. Mi amigo británico Lyndon Bowring tiene una teoría: nunca ofrezcas la más mínima crítica a un predicador después que acaba de predicar. Muy cierto. Todos queremos saber que no fallamos cuando predicamos. Lyndon dice que esperes un día o dos si tienes una sugerencia para ese predicador. (¡Pero pronto descubrí que no podía disfrutar del elogio de Lyndon después de predicar, sabiendo que más tarde obtendría la verdad!)

El predicador nazareno conocido como Tío Buddy Robinson (1860-1942) contó acerca de la manera en que una persona se acercó a él y le dijo: "Tío Buddy, ese es el mejor sermón que jamás he escuchado", por lo que oró: "Señor, no permitas que me infle". Segundos después, alguien le dijo: "Tío Buddy, ese es el peor sermón que jamás he escuchado". Oró: "Señor, no permitas que me desinfle".

Tuve el gran privilegio de ser asesorado por el Dr. Lloyd-Jones todos los jueves de 11:00 a.m. a 1 p.m. durante los primeros cuatro años que estuve en la Capilla de Westminster. Fue amable conmigo y me elogiaba ocasionalmente, cuando creía que lo necesitaba, pero no escatimó en decirme lo que también debía escuchar durante esos años. Sin embargo, el peor error que cometí en ese tiempo fue dejar que mi estado de ánimo oscilara según los elogios de mis oyentes. No es fácil ignorarlos.

Lo que puedo ofrecer es esto: ya seas predicador o laico, podemos aprender a no tomar los elogios demasiado en serio. Jesús dijo que no debíamos dejar que nuestra mano derecha supiera lo que hace la izquierda en lo referente a dar (Mateo 6:3), algo que es casi imposible de hacer. Pero como dijo John Stott, hay un sentido en el que ni siquiera nos decimos a nosotros mismos cuándo o qué hemos dado. En otras palabras, debemos rehusar regodearnos por haber dado, ya sea diezmando a una iglesia o contribuyendo a una caridad. "Rehúsa pensar en ello", como diría el Dr. Lloyd-Jones.

Debemos aprender a hacer esto con los elogios, ya sea con respecto al trabajo que hacemos, nuestra apariencia o cumpliendo con nuestro deber. Es un intento intencional por dejar que lo que la gente dice pase por un oído y salga por el otro. No te detengas en ello. Y sugeriría lo siguiente cuando seas elogiado: ora desde lo profundo de tu corazón: "Gracias, Señor, por esta palabra grata; te doy la gloria y pido que me ayudes a ignorarla lo mejor que pueda".

Le supliqué a Dios que me elogiara una noche. Sí, lo hice. Fue después de predicar a dos mil personas en una actividad llamada Easter People, hace treinta años en Bournemouth, Inglaterra. Nadie me elogió, ni la gente que me invitó ni ninguna persona cercana.

Mientras conducía de regreso a Londres, dije: "Señor, ¿lo hice bien?". Silencio. Veinte años después, mientras salía de una iglesia anglicana en Wembley, Londres, una señora me detuvo y me dijo: "He querido contactarte hace mucho tiempo. Es porque muchos años atrás predicaste en Easter People, en Bournemouth, aunque es probable que no lo recuerdes".

"Oh, lo recuerdo muy bien", le aseguré a la señora.

"Esa noche me convertí a Cristo", agregó. Aquello fue lo más grato que escuché, pero tuve que admitir que en mi vanidad no estaba pensando en las almas sino en cuán tan bien lo hice esa noche. Fue vergonzoso.

Dios es un Dios celoso y no se agrada cuando recibimos elogios unos de otros y no hacemos ningún intento por buscar la gloria que viene de él (Juan 5:44). Cuando estamos a merced del elogio, nos hacemos hipersensibles a lo que la gente piensa. El temor al hombre es una trampa porque eso milita en contra de la honra que viene del único Dios.

VALENTÍA: UN ACTO DE LA VOLUNTAD

A fin de cuentas, ninguno de nosotros será completamente libre de desear elogios o de la aversión a la crítica.

Entonces, ¿qué hacemos? Debemos tener una determinación resistente de hacer lo correcto, lo que Graham Kendrick llama "una resistencia de acero" en su canción "Por esto tengo a Jesús". Es un acto de la voluntad. No debes esperar que Dios te derribe; debes hacer lo que sabes, en tu corazón, que él requiere de ti. Esto se aplica al perdón total. Debes decidir en tu corazón (1) no contarle a nadie lo que tu enemigo hizo o dijo de ti o sobre ti; (2) trata a aquellos que te hirieron con ternura y gentileza; (3) no esperes que se sientan arrepentidos por lo que hicieron (probablemente nunca lo harán); (4) permíteles salvar su honra (los cubres y no les echas nada en cara); (5) protégelos al no revelar lo que podría ser su secreto más oscuro; (6) practica el perdón total por el resto de tu vida, es una sentencia perpetua; y (7) ora para que Dios los bendiga.

Cuando puedes orar sinceramente para que Dios los bendiga, e incluso orar para que Dios no permita que sean descubiertos, estás en un mundo de paz y alegría. Si Dios quiere que sean descubiertos, atrapados o castigados por su horrible actitud, lo hará. A su manera. Y en su tiempo. Por eso Dios dijo: "Mía es la venganza" (Romanos 12:19). Te aseguro que él no quiere tu ayuda. Una vez que intentes ayudarlo a castigar a esa persona malvada, Dios se retirará y te dejará intentarlo. Te aseguro que las cosas empeorarán. Y mucho. No prives a Dios de hacer lo que mejor hace, a saber, vindicar la verdad y castigar a aquellos que abusan de ella. Lee la historia de Ester y ve cómo vindicó Dios a Mardoqueo (Ester 3—10).

No hay nada como practicar el perdón total desde lo profundo de tu corazón en lo atinente a superar el temor al hombre. No solo eso, sino que cuanto mayor sea el sufrimiento, mayor será la unción. Cuanto mayor sea la injusticia lanzada contra ti, mayor será la promesa de bendición. Si se revelara que has sufrido más que todos los que te rodean, los ángeles deberían tener una palabra para ti: ¡felicidades! Estás en buen camino para recibir una bendición del Espíritu Santo que tus amigos no tienen. Toma el maltrato con ambas manos. Pero no te quejes y no lo hagas demasiado grande, para que no sientas que tienes derecho (como veremos a continuación). Me refiero a liberar a esas personas que te han herido, aquellos que querían destruirte, o aquellos que han sido crueles, abusivos o infieles contigo, incluso si alguna vez estuvieron cerca de ti. El perdón total, cuando se trata de superar el temor al hombre, es la vía rápida más efectiva hacia la libertad interna que conozco. Perdonar totalmente a un enemigo es una forma asombrosa de liberarte de temer a todas las personas.

NO ESPERES QUE DIOS FORCE LAS REGLAS A TU FAVOR

Prepárate para luchar contra tu derecho. El derecho es una de las maldiciones de nuestro tiempo. En esta era del "¿Qué hay para mí?", muchos se sienten con derechos, como si Dios les debiera algo. Además de eso, cuando hacemos lo que se requiere de nosotros, ya sea hablarles a otros sobre Jesús o caminar en el perdón total, debemos resistir cualquier sensación de que hemos hecho algo maravilloso.

El diablo intentará hacerte sentir especial o que eres la excepción a la regla. Quiere que sientas lástima por ti mismo. Tengo que decirte que he aprendido por las malas: la autocompasión no nos lleva a ninguna parte. No funciona. No ayuda. No suma puntos con Dios.

Jesús habló de eso:

Supongamos que uno de ustedes tiene un siervo que ha estado arando el campo o cuidando las ovejas. Cuando el siervo regresa del campo, ¿acaso le diría "ven enseguida a sentarte a la mesa"? ¿No le diría más bien "prepárame la comida y cámbiate de ropa para atenderme mientras yo ceno; después tú podrás cenar"? ¿Acaso le daría las gracias al siervo por haber hecho lo que se le mandó? Así también ustedes, cuando hayan hecho todo lo que se les ha mandado, deben decir: "Somos siervos inútiles; no hemos hecho más que cumplir con nuestro deber".

—Lucas 17:7-10

Recuerdo haber llegado de una ardua semana de trabajo en el ministerio, en la que dormí mal, desubicado por el cambio de horario, y predicando muchas veces en pocos días; se mentía agotado. Me avergüenza decir que tuve que luchar contra un sentimiento de autocompasión. De repente, recordé Lucas 17:10 y salí de aquello. ¡Solo estaba haciendo mi deber! Y era un inmenso privilegio. Como vimos anteriormente, Josué aprendió del comandante de los ejércitos del Señor que Dios no le debía nada. Dios no forzó las reglas en favor de Josué. Ni de Moisés. Ni de Samuel. Si tenemos la ambición de seguir en el tren de esos hombres y mujeres descritos en Hebreos 11, significa que debemos dar la bienvenida a nuestra suerte, dignificar cada prueba y ser agradecidos por el privilegio de hacer nuestro deber para el Dios altísimo.

Es un honor supremo trabajar para el Señor. Si te asignaran un deber con un jefe de estado, un primer ministro o con Su Majestad el Rey, ¿no lo considerarías un privilegio? No hay nada mejor que trabajar para Cristo. Totalmente perdonado por Jesús. Cansándose por Jesús. No durmiendo bien por Jesús. No somos nuestros; fuimos comprados por un precio.

RETRASA LA VINDICACIÓN Y LA RECOMPENSA HASTA LA HORA DEL TRIBUNAL DE CRISTO

¿Sabes lo que es querer vindicación cuando has sido malentendido? ¿Cuando has sido juzgado erróneamente? ¿Cuando has asumido una posición por un principio que nadie más apreció?

Tengo una teoría: la vindicación en el tribunal de Cristo será infinitamente más satisfactoria y gratificante que tener un nombre prestigioso aquí en la tierra. Recibir un "bien hecho" de nuestro soberano Redentor será más emocionante que cualquier persona que te diga aquí: "Tenías razón". ¿A quién le importa si la gente piensa que tenemos razón? ¿Cuánto vale su aprobación? Mi consejo: no levantes un dedo para recomponer tu nombre. Deja que Dios lo haga. A su manera. Y en su tiempo. Nunca olvides la forma en que Pablo miró este tipo de cosas:

> Por mi parte, muy poco me preocupa que me juzguen ustedes o cualquier tribunal humano; es más, ni siquiera me juzgo a mí mismo. Porque aunque la conciencia no me remuerde, no por eso quedo absuelto; el que me juzga es el Señor. Por lo tanto, no juzguen nada antes de tiempo; esperen hasta que venga el Señor. Él sacará a la luz lo que está oculto en la oscuridad y pondrá al descubierto las intenciones de cada corazón. Entonces cada uno recibirá de Dios la alabanza que le corresponda.
> —1 Corintios 4:3-5

Un día todas las cosas saldrán a la luz. No habrá nada escondido. "Porque nada hay oculto que no haya de ser manifestado; ni escondido, que no haya de saberse y salir a luz" (Lucas 8:17). Entonces descubriremos quién era real, el verdadero negocio, quién era oro puro y quién tenía una integridad transparente. Todos los falsos serán expuestos. Será un día que vale la pena esperar.

Por lo que sabemos, José nunca fue vindicado, aunque lo acusaron de acostarse con la esposa de Potifar. Fue hecho primer ministro de Egipto porque Dios estaba con él (Génesis 39:2, 21). Dios también estuvo con él cuando interpretó los sueños del faraón. A menudo me he preguntado qué pensaba la esposa de

Potifar (o qué debió haber pensado su esposo) cuando José fue exaltado como lo fue. José intentó hacer que el copero, o catador del rey, lo recomendara con el faraón. Pero se olvidó (Génesis 40:23). Dios tenía un plan mejor. Dios recibe gran gloria cuando él solo nos exalta, no cuando movemos las cuerdas, recurrimos a nuestras conexiones o elegimos el mejor asiento en un banquete (Lucas 14:10). Por eso Jesús nos dijo que tomáramos el "último" asiento, para esperar el momento de Dios. El que se exalta a sí mismo será humillado. El que se humilla será exaltado (Lucas 14:11).

La exaltación de Dios es la que importa.

Solo es cuestión de tiempo cuando nos avergonzaremos de haber permitido que el temor al hombre tome nuestras decisiones por nosotros. Las personas a las que temíamos, algún día, se mostrarán como cobardes, débiles y dignos de lástima. Nos disgustaremos con nosotros mismos por haber buscado ayuda de las personas y no la aprobación de Dios.

Por eso me pregunté a mí mismo, ¿a quién, exactamente, he temido más en mi vida que podría hacerme daño? No daño físico, sino el de perder el favor de aquellos que alguna vez me respetaron. He pensado mucho en eso. La respuesta casi con certeza es que se cerrarían puertas que habían estado abiertas. Por extraño que parezca, mis críticos han estado entre aquellos con los que más concordé teológicamente. Sin embargo, han logrado cerrar puertas abiertas que podría haber tenido con evangélicos reformados. Curiosamente, nunca he recibido una palabra desagradable de un pentecostal, un carismático o un arminiano. Podría escribir un libro sobre las obras y los artículos escritos contra mí por los reformados. ¿Me han herido? Depende de cómo interpretes la palabra "herir". Si quieres decir que, ¿me han hecho sentir mal? Sí. Me ha dolido mucho. Han sido la decepción de mi vida. Pero Juan 5:44 y 1 Corintios 4:5 son los recursos que me han preservado.

Creo que Pablo siempre quiso alcanzar a su propio pueblo, los judíos. Pero Dios dejó en claro que estaba dirigido a los gentiles (Gálatas 2:9). He querido alcanzar a los reformados. Después de todo, tengo (en mi opinión) lo que necesitan: apertura al Espíritu. Pero Dios ha cerrado en gran medida las puertas para alcanzar a las mismas personas que tanto quería que me aceptaran.

CUANDO NO TEMES MORIR

Josef Tson solía decirme una y otra vez: "La persona más peligrosa del mundo es aquella que no teme morir". Esto se refiere tanto a hombres buenos como malos. Considera a los hombres que tomaron el control de los aviones que se estrellaron contra las torres gemelas de Nueva York y el Pentágono, el 11 de septiembre de 2001. Esos hombres eran intrépidos. Estaban totalmente consagrados al islam, a Alá y al odio por Estados Unidos. Tomaron clases para aprender a volar aviones a reacción, solo para estar listos para hacer lo que al fin hicieron. El 11 de septiembre, un día que vive en la infamia, fue planeado con años de antelación. La principal calificación era no tener miedo a morir.

Jesús le dijo a Pedro cómo moriría, con qué muerte glorificaría a Dios:

> Cuando eras más joven te vestías tú mismo e ibas adonde querías. Pero te aseguro que cuando seas viejo, extenderás las manos y otro te vestirá y te llevará adonde no quieras ir.
>
> —Juan 21:18

Según la leyenda, cuando las autoridades en Roma intentaban crucificar a Pedro, el apóstol pidió ser crucificado boca abajo, pues no era digno de ser asesinado de la misma manera que su Señor. Alrededor del mismo tiempo, alrededor del año 65 d. C., el apóstol Pablo fue decapitado en Roma. En su última epístola, este apóstol escribió:

> Yo, por mi parte, ya estoy a punto de ser ofrecido como un sacrificio, y el tiempo de mi partida ha llegado. He peleado la buena batalla, he terminado la carrera, me he mantenido en la fe. Por lo demás me espera la corona de justicia que el Señor, el Juez justo, me otorgará en aquel día; y no solo a mí, sino también a todos los que con amor hayan esperado su venida.
>
> —2 Timoteo 4:6-8

Los mártires de la iglesia primitiva no tenían miedo a morir. Ignacio, el obispo de Antioquía (muerto en 108 a. C.), abrazaba la idea de morir por Cristo. Como discípulo del apóstol Juan, Ignacio instó a todos sus amigos a no impedir que las autoridades mataran. Quería ser "molido por los dientes de las bestias salvajes" para ser el "trigo de Dios". "Solo estoy comenzando a ser discípulo", dijo, ante la idea de entregar su vida por Jesús. Su amigo Policarpo, obispo de Esmirna (muerto en 150 d. C.), iba a ser quemado en la hoguera. Las autoridades le ordenaron que alabara a César y negara a Cristo. Policarpo respondió: "Ochenta y seis años le he servido, y nunca me ha hecho daño; ¿cómo puedo ahora blasfemar a mi Rey y salvador? Enciendan la llama". A medida que el fuego comenzaba a quemar su cuerpo, un viento entró en el estadio e hizo que las llamas rodearan su cuerpo, y Policarpo no moría. Entonces le incrustaron una lanza en su costado; la sangre y el agua de su cuerpo apagaron la llama, luego murió.

Los obispos Hugh Latimer (1485-1555) y Nicholas Ridley (1500-1555) murieron en una hoguera en el foso de Balliol, en Oxford. Fueron atados de espaldas. A medida que las llamas comenzaban a caer sobre sus cuerpos, Latimer gritó a Ridley:

"Vamos hombre, maestro Ridley; encendamos tal vela en Inglaterra, con la gracia de Dios, confiando en que nunca se apague". Un año después, el arzobispo Thomas Cranmer (1489-1556) murió en la hoguera en el mismo foso de Balliol, en Oxford. Mantuvo su mano directamente sobre la llama, la mano que había firmado su retractación con respecto a la Eucaristía, de la cual se avergonzó. Quería que esa mano se quemara primero. John Bradford (1510-1555), prebendario de la Catedral de San Pablo en Londres, fue quemado en la hoguera en Smithfield, Londres, con su compañero mártir John Leaf. Sus últimas palabras fueron: "Ten buen ánimo, hermano; tendremos una cena alegre con el Señor esta noche".[5]

Recuerdo haber leído estos relatos de los mártires marianos, como se les llamaba (sus muertes ocurrieron durante el reinado de la reina María Tudor), sintiendo que yo también quería morir como ellos. Fue en 1956. Le pregunté al Dr. N. B. Magruder, a quien mencioné anteriormente, si no pensaba que el nivel más alto de devoción a Cristo sería morir como mártir. Sonrió y luego escribió las palabras ya señaladas en un trozo de papel que llevé conmigo por años: "Mi disposición a renunciar a cualquier reclamo sobre Dios es la única evidencia de que he visto la gloria divina". Esa declaración me sobrecogió. Estés de acuerdo o no, me sugirió que mi deseo de ser mártir debería ser subordinado al de honrar al Dios de la gloria, como él quisiera usarme.

Mi amigo Josef Tson, cuyas palabras sobre el perdón total cambiaron mi vida para siempre, quería morir como mártir. Sufrió muchos años en Rumania, en los tiempos de la Unión Soviética. Escribió su tesis doctoral sobre el martirio. Desde entonces se mudó a Estados Unidos y vive en Portland, Oregón. Se ha resignado a la posibilidad de no morir como mártir.

Mi amigo Arthur Blessitt compartió conmigo su decepción de que no moriría llevando su cruz. Ha sido una gran concesión para él en su corazón que morirá una muerte natural.

Dios determinará cuándo y cómo cada uno de nosotros debe morir. Renuncié a la esperanza de fallecer como mártir hace mucho tiempo, especialmente después de las palabras del Dr. Magruder para mí. Pero ¡quién sabe!

Pasamos tres años viviendo en Oxford (1973-1976). Caminé por el viejo foso de Balliol, ahora Broad Street, día tras día en esos años. Solía pararme junto al lugar, ahora con una cruz incrustada en el pavimento —en Broad Street (junto a Balliol College)—, para conmemorar las muertes de los mártires de Oxford. Mientras permanecía junto a ese lugar sagrado y miraba el Sheldonian Theatre a varios metros de distancia, muchas veces oré: "Señor, si llego al Sheldonian, por favor, por favor, nunca olvides esta cruz en el camino". El Sheldonian es donde se entregan los grados de Oxford. Sabía que si sobrevivía, mi respeto y mi celo por esos hombres que murieron por Jesús en Oxford, no sería de utilidad para Dios.

Como sucedió, llegué al Sheldonian en la primavera de 1977. Los doce diáconos de la Capilla de Westminster, que me recomendaron para que fuera ministro de la capilla, acompañados por el Dr. y la señora Martyn Lloyd-Jones, vinieron a la ceremonia.

Otra historia personal, muy preciada para mí. El reverendo Al Dawson, nuestro amigo de Fort Lauderdale, vino a visitarnos a Louise y a mí en nuestro tiempo en Oxford. Lo llevé a la cruz en el camino, en Broad Street. Secretamente regresó a ese lugar con su cámara. También como artista ingenioso, Al me presentó una pintura al óleo de su foto de Broad Street y la cruz en el camino, que muestra tanto la cruz como el Sheldonian Theatre. Cuelga en nuestro apartamento en Nashville, donde tengo una mirada consciente en él todos los días.

No he olvidado a los mártires de Oxford. Ni tengo, creo sinceramente, miedo a morir.

TERCERA PARTE

Lo feo:
el temor satánico

CAPÍTULO 7

La guerra espiritual

Porque nuestra lucha no es contra seres humanos,
sino contra poderes, contra autoridades, contra potestades
que dominan este mundo de tinieblas, contra fuerzas
espirituales malignas en las regiones celestiales.
—EFESIOS 6:12

Un día el espíritu maligno les respondió:
"Conozco a Jesús y conozco a Pablo,
pero ustedes ¿quiénes son?".
—HECHOS 19:15

¡Quiero ser conocido en el infierno!
—ROLFE BARNARD (1904-1969)

¿Te gustaría ser conocido en el infierno? A mí sí. Y te diré por
qué. Significaría que soy una amenaza para el mundo satánico.
Me encantaría ser una amenaza para el mundo satánico. Preferiría
ser famoso en el infierno que en la tierra, como dije en mi libro
Popular en el cielo, famoso en el infierno. Me sentiría halagado
pensando que realmente soy una amenaza para el diablo. Eso
significaría que mi ministerio lo preocupa, que estoy haciendo
tanto bien para Dios que Satanás está nervioso conmigo, que
estoy amenazando sus intereses. Por supuesto, él sabe todo sobre
los que somos cristianos. Pero eso no significa que todos nosotros

necesariamente seamos una amenaza para él. Dudo que yo lo sea, pero espero serlo antes de irme al cielo.

Satanás es feo. Todo lo que hace es horrible. Una de sus armas es hacer un miedoso. Hacer que la gente tenga miedo es lo que hace. Difundir el terror es su objetivo. Dios no nos ha dado un espíritu de temor (2 Timoteo 1:7), pero Satanás intentará engendrar miedo en ti y en mí... si puede.

No necesitas tenerle miedo al diablo. ¿Algún respeto? Sí. Pero no tengas miedo de él. ¡Eso es lo que él quiere!

El miedo satánico es el peor tipo de temor que existe. Él quiere que tengas miedo a la muerte. Quiere que tengas miedo a la gente. Quiere que tengas miedo al futuro. Quiere que te preocupes por el pasado. Quiere que asumas miedos normales, como el que sientes cuando un huracán se acerca, precaución al cruzar una calle, ansiedad mientras esperas los resultados de un examen médico, que un avión caiga, a un virus y a mucho más. Como dije, hacer que la gente tenga miedo es lo que le agrada hacer.

Una cosa que debemos saber sobre el diablo de antemano: él tiene mucho, mucho más miedo que tú y yo, más que lo que jamás tendremos. Porque conoce su fin, su castigo por siempre y siempre en el lago de fuego:

> El diablo, que los había engañado, será arrojado al lago de fuego y azufre, donde están también la bestia y el falso profeta. Allí serán atormentados día y noche por los siglos de los siglos.
>
> —Apocalipsis 20:10

Cuando Jesús comenzó a sanar a la gente y a expulsar demonios, los espíritus malignos gritaron: "¿Qué tenemos que ver contigo, Hijo de Dios? ¿Has venido aquí para atormentarnos antes de tiempo?" (Mateo 8:29). De esto aprendemos que los demonios saben quién es Jesús, aunque el mundo no lo sepa. El diablo no solo cree que hay un Dios (Santiago 2:19) sino que Jesús es el Hijo de Dios. También aprendemos de esto que el diablo conoce su destino final en el infierno eterno. De hecho, está enojado, aterrorizado y deseando vengarse porque "sabe que le queda poco tiempo" (Apocalipsis 12:12). Lo que intensifica el miedo y la ira de Satanás es que nosotros vencemos "por la sangre del Cordero" (Apocalipsis 12:11). Esto apunta una vez más a la cruz y la sangre de Jesús, el constante recordatorio que nunca se pierde de vista es que Satanás fue derrotado por la muerte de Jesucristo en la cruz.

Como está aterrorizado, quiere difundir el terror. El diablo tiene miedo día y noche, veinticuatro horas al día, y quiere que tú también lo tengas. A la miseria le encanta la compañía.

También quiere hacerte sentir culpable. No quiere que tengas la seguridad de la salvación. Lo llaman el "acusador" (Apocalipsis 12:10). Magnificará cada falta o fracaso que tengas (todos los tenemos) y tratará de convencerte de que Dios no te ha aceptado. Como dijo Jonathan Edwards una vez: Satanás fue entrenado en los cielos; conoce los caminos de Dios. Su educación superó el aprendizaje en una universidad o seminario; aprendió no de libros sino observando directamente y de primera mano los caminos del Dios altísimo. Sí, el diablo conoce mucho de los caminos de Dios.

Para ponerlo de manera cruda y simple: imagina al hombre principal en la CIA desertando a la KGB de Rusia. Usaría su conocimiento de la CIA para derrotar a la propia CIA. Posiblemente más de lo que tú y yo podemos conocerlos, mientras estemos en esta tierra, Satanás conoció mucho de los caminos de Dios antes de que se rebelara, pero usa su conocimiento para fines malvados. No podemos igualar su conocimiento ni su poder; debemos vencer por "la sangre del Cordero" y por nuestro testimonio (Apocalipsis 12:11). Eso significa que somos vocales en nuestra alabanza y testimonio por el Señor Jesucristo. La feliz consecuencia de esto es que no amamos nuestras vidas y estamos dispuestos a morir por Cristo. Sabemos que no somos nuestros; fuimos comprados con la sangre del Cordero (1 Corintios 6:19-20). No es de extrañar que debamos honrar la sangre de Jesús.

El principal enemigo de Satanás es Jesucristo. Ah, cómo odia al Hijo de Dios. Ningún vocabulario en ningún idioma tiene suficientes palabras para demostrar cuánto odia Satanás al Señor Jesucristo. Odia cualquier mención de la cruz. Desprecia la sangre que Jesús derramó en la cruz. Después de todo, la cruz, no se puede decir demasiado a menudo, porque es lo que garantizó su caída. Hasta la mañana de Pascua, el diablo creyó que había conquistado la victoria más grande de todos los tiempos. Se consideró a sí mismo como el arquitecto de la crucifixión. Estaba seguro de que orquestó todos los eventos que llevaron a la muerte de Jesús: el plan de los principales sacerdotes para matarlo (Juan 11:49-53), la traición de Judas Iscariote (Juan 13:2), la ira de Herodes por Jesús (Lucas 23:11), la solicitud unánime de los judíos para liberar a Barrabás y crucificar a Jesús (Mateo 27:20-23), la decisión de Poncio Pilato de tener a Jesús crucificado (Mateo 27:24-26), la alegría de los soldados romanos al crucificarlo físicamente (Mateo 27:27-31), y los sacerdotes diciendo: "A otros salvó; a sí mismo no puede salvarse" (Mateo 27:42).

Pero el día que Jesús resucitó de los muertos, Satanás descubrió —de repente— que no solo había fallado; la crucifixión selló su condena eterna. Esto se describe en el Libro de Apocalipsis. Entonces, es por eso que odia la sangre de Jesús. Si los "príncipes de este mundo" hubieran sabido lo que estaban haciendo, "no habrían crucificado al Señor de la gloria" (1 Corintios 2:8). La cruz fue el arma de Dios para derrotar a Satanás, al pecado y a la muerte, ¡el secreto mejor guardado desde la creación del mundo!

No sabemos tanto sobre la vida de Jesús como nos gustaría. Recuerda esto sobre la Biblia, con respecto a cualquier tema:

Dios nos ha dicho todo lo que necesitamos saber, ya sea sobre los años ocultos de Jesús antes de ser bautizado por Juan el Bautista, desentrañando todo el significado de todas las parábolas, lo que estaba sucediendo en la iglesia primitiva que apenas se explica en el Libro de Hechos, lo que estaba sucediendo en la iglesia después de la muerte de Pedro y Pablo... podría seguir y seguir. Todos tenemos preguntas a las que nos encantaría tener respuestas.

En cuanto al origen del diablo, no sabemos tanto como nos gustaría. Está claro que hubo una revuelta en los cielos, probablemente antes de la creación del hombre pero antes de su caída. Debemos evitar especulaciones infructuosas. Pero dos pasajes del Nuevo Testamento deben considerarse.

Lo que es absolutamente claro es que todos las principados y autoridades fueron creados por Dios:

> Porque por medio de él fueron creadas todas las cosas en el cielo y en la tierra, visibles e invisibles, sean tronos, poderes, principados o autoridades: todo ha sido creado por medio de él y para él. Él es anterior a todas las cosas, que por medio de él forman un todo coherente.
>
> —Colosenses 1:16-17

En cierto momento surge el tema del origen del mal. Puedo decir categóricamente que cómo y por qué surgió el mal es incognoscible. Podemos deducir algunas cosas que parecen bastante claras. Por un lado, hubo una revuelta en los cielos, probablemente antes de la creación del hombre. Satanás es una creación de Dios (Colosenses 1:16-17). Dios no creó ángeles caídos. Ellos, como toda la creación, fueron hechos sin pecado. Antes de la caída, Satanás pudo haber sido llamado "Lucero, hijo de la mañana" (Isaías 14:12, RVR1960). Aparentemente, fue un ángel de muy alta inteligencia, aunque estoy especulando.

Está claro que estaba celoso de Dios. Aparentemente reclutó a muchos ángeles en los cielos para que se unieran a su revuelta. ¿Cuántos? ¿Quién sabe? Posiblemente un tercio de ellos, si eso es a lo que se refiere Apocalipsis (12:4). No sabemos con certeza, ni necesitamos saberlo. Es seguro asumir, sin embargo, que todos los redimidos por la sangre de Jesús tienen ángeles que los guardan día y noche (Hebreos 1:14; Salmos 34:7).

Me ha fascinado la palabra *voluntad* en Hebreos 1:14: sugiere que un ángel es enviado a las personas de Dios antes de que se conviertan, pero que serán salvadas. Por supuesto, Dios sabe quién será salvo; él conoce el fin desde el principio (Isaías 46:10). Muchas personas salvas testifican que sintieron que Dios estaba con ellos antes de convertirse, protegiéndolos del peligro, por ejemplo, o evitando que pecaran peor de lo que lo hicieron. Bien podríamos ver a nuestro ángel en el cielo. Puedes saber esto sobre tu ángel: resistió la revuelta de Satanás, estando bien experimentado en la guerra espiritual.

Los ángeles están total y completamente dedicados a Dios. No permitirán ser adorados. Siempre me ha sorprendido que Juan, que debería haber sabido mejor, se postrara para adorar al ángel que le dio el Libro de Apocalipsis (19:10; 22:8). Sin embargo, no solo demuestra la disposición suya a mostrar vulnerabilidad sino cuán seguro estaba de su relación con Dios. En cualquier caso, este relato significa que tú y yo nunca debemos hablar con nuestro ángel, nunca. Eso sería idolatría, una de las cosas contra las que Pablo advirtió (Colosenses 2:19). Observa también la última palabra de Juan en su primera epístola: "Hijitos, guárdense de los ídolos" (1 Juan 5:21).

Los ángeles que cayeron con Satanás no están en el infierno eterno todavía; están en el Tártaro, una palabra griega que a veces se traduce como "infierno". Desearía que los traductores hubieran dejado Tártaro sin traducir para que pudiera adquirir su propio significado. Lee mi libro *Popular en el cielo, famoso en el infierno* para obtener más detalles sobre el Tártaro.

La revuelta en el cielo se muestra en dos lugares. El primero parece ser el comienzo de una oración no completada por Pedro. ¿Por qué? ¡Tú me dices! Pero se lee:

> Dios no perdonó a los ángeles cuando pecaron, sino que los arrojó al abismo, poniéndolos en cadenas de oscuridad y reservándolos para el juicio.
>
> —2 Pedro 2:4

El segundo se extrae de una oración más larga en Judas:

> Y a los ángeles que no mantuvieron su posición de autoridad, sino que abandonaron su propia morada, los tiene perpetuamente encarcelados en oscuridad para el juicio del gran día.
>
> —Judas 6

El Tártaro, sin embargo, parece ser un lugar donde los ángeles caídos —llamados demonios— residen ahora. Existen para oprimir y, cuando es posible, poseer seres humanos.

El espíritu maligno que habló al hombre inexperto que intentaba expulsar a ese demonio estaba aparentemente en el Tártaro.

¿Puede un verdadero cristiano nacido de nuevo tener un demonio? Sí, en mi opinión. Volveré a eso. Esto me lleva de vuelta a dos personas que conocí en la base aérea de RAF Upper Heyford en Oxfordshire, Inglaterra. Mientras trabajaba en mi investigación en Oxford, tuve el privilegio de pastorear una iglesia bautista del sur cercana. Vale la pena contar dos historias. Primero, teníamos un miembro que tenía muchos libros sobre ocultismo, brujería y demonología. No lo consideraría alguien profundamente espiritual. Era infiel en la asistencia a la iglesia. Tenía muy pocos libros que fueran edificantes, y los que tenía (casi una docena) sobre el diablo los superaban en número. Consideraba esa colección como evidencia de que era piadoso. Eso me hizo percatarme de cómo al diablo le encanta ese tipo de atención. Sabía más sobre brujería que teología sólida y amaba las historias sobre ocultismo.

Segundo, conocí a un general de la Real Fuerza Aérea que era cristiano. Hablamos sobre la posesión demoníaca. Argumentó que eso no es posible hoy en día ya que la muerte de Jesús derrotó a las fuerzas de la oscuridad. Era extremadamente ingenuo, pero no razona mucho. No solo pensaba que era imposible que un cristiano tuviera un demonio; tampoco creía que un no cristiano pudiera tenerlo. Según él, no existen en absoluto, es decir, desde que Jesús murió en la cruz.

Esto muestra al menos dos cosas sobre el diablo. Satanás quiere una de dos cosas: mucha atención o nada de atención, en absoluto. En cuanto a lo último, preferiría que la gente no crea que existe. Le encantaría promover el ateísmo, por supuesto, pero también la incredulidad en sí mismo. Por lo tanto, recuerda: la incredulidad en el diablo es obra de él mismo. Si no crees en la existencia de Satanás, compruebas que el diablo ya ha tenido éxito contigo.

En cuanto al diablo y su amor por la atención, temo que algunos cristianos la ejerzan. De dos maneras: (1) Con miedo innecesario al diablo. Como dije anteriormente, debemos tener un respeto saludable por el diablo, pero no necesitas temerle, eso le encanta. (2) Algunos cristianos, especialmente muchos carismáticos, atribuyen cualquier cosa que no sea buena (en su opinión) al diablo. Algunos de ellos no solo lo ven en cada arbusto, sino que no pueden creer que Dios envió el COVID-19 como un juicio. Solo el diablo haría eso, dicen. Falso. Dios asume la responsabilidad una y otra vez de enviar cosas malas. En cuanto al COVID, lee mi libro *Nunca antes pasamos por este camino* para que compruebes que Dios está detrás del COVID-19, al que llamo su juicio amable para llamar nuestra atención. Como dijo el cardenal Timothy Dolan: "Dios está justo en medio de eso", como se cita en esa obra. Por cierto, ¡no hemos visto el final de lo que Dios está haciendo!

Soy capaz de entender por qué muchos no creen que un cristiano puede tener un demonio. Argumentan que el Espíritu Santo no puede habitar en un vaso inmundo. Eso es lógico. Pero, como lo afirmó Santiago, tanto el agua salada como la dulce no deberían fluir de un cristiano, pero lo hacen; así el creyente, a veces, puede caer bastante bajo. "De la misma boca proceden bendición y maldición. Hermanos míos, esto no debe ser así" (Santiago 3:10). Cierto. Pero el hecho es, dijo Santiago, que ese es —demasiado a menudo— el caso. Una chispa puede causar un incendio forestal porque la lengua es un "mal inquietante, lleno de veneno mortal" (Santiago 3:8). Basado en esto, parece plausible que Santiago haya preparado el escenario para la posibilidad de que un cristiano pudiera, al menos a veces, tener un demonio. Pablo dijo que debemos caminar por el Espíritu y no "satisfacer los deseos de la carne". Eso muestra que los deseos de la carne están presentes en el creyente. "Porque los deseos de la carne están contra el Espíritu, y los deseos del Espíritu están contra la carne, pues estos se oponen entre sí para que no hagáis lo que quisiereis" (Gálatas 5:16-17).

Ni Santiago ni Pablo hablan de un demonio en el cristiano. Están hablando de la imperfección en los cristianos. Aún no estamos glorificados. Lo seremos (1 Juan 3:2; Romanos 8:30). Pero los cristianos todavía pueden estar en la carne. Pablo se refiere a un cristiano carnal (1 Corintios 3:3); aunque inmaduro, que muestra que la carne a veces puede manifestarse muy claramente. Es eso lo que, en mi opinión, podría dar acceso al diablo. No solo eso, sino el rencor, la amargura voluntaria, lo que puede ser una invitación para que el diablo haga su camino (2 Corintios 2:13-14). No estoy diciendo que esto sea común, pero sugiere la posibilidad. En cualquier caso, es una advertencia sobria de que el rencor hace que uno sea vulnerable al diablo.

Es difícil demostrar por la Biblia que el cristiano puede estar poseído por un demonio. Pero permíteme relatar tres historias y luego puedes decidir.

Primera, el Dr. Martyn Lloyd-Jones me la contó. En una iglesia donde predicaba anualmente, en Gales, notó que sus amigos no estaban en el servicio. Así que le preguntó al pastor anfitrión dónde estaban esos amigos. Mientras hablaban, sonó el teléfono. Era un amigo del Dr. Lloyd-Jones, que dijo: "Ah doctor, lamento no ir este año, pero mi esposa está en mal estado, actuando un poco extraña, y no sé qué hacer". Cuanto más hablaban, más se convenció el doctor de cuál sería el próximo paso a seguir.

De modo que le dijo al pastor: "Este es un claro caso de posesión demoníaca. Debes llevar a uno de tus ancianos e ir a su casa y expulsar al demonio". El pastor respondió: "Oh, por favor, hazlo tú". El Dr. Lloyd-Jones respondió: "Como soy médico, dirán que hay una explicación médica o psicológica. Tú y un anciano pueden hacerlo. Tan pronto como entres en su casa, ora por tu propia protección, para que te cubra la sangre de Cristo, y comienza a decir en voz alta: 'Jesucristo ha venido en carne, Jesucristo ha venido en carne, Jesucristo ha venido en carne', hasta que obtengas una reacción violenta, y luego habla directamente al demonio: 'Sal de ella y ve al lugar que perteneces'".

El pastor siguió las instrucciones del Dr. Lloyd-Jones y regresó una hora después, asombrado. "Hicimos exactamente lo que dijiste. La mujer gritó, cayó al suelo y se desmayó cuando le ordenamos a demonio que saliera". El Dr. Lloyd-Jones dijo que la dama regresó a la iglesia y se sentó en la primera fila con su esposo la noche siguiente, con un brillo en su rostro.

Segunda historia, Hudson Taylor (1832-1905), británico fundador de la Misión al Interior de China, fue misionero en esa nación. Hubo una ocasión en la que expulsó a un demonio de una persona oriunda. Pero al día siguiente, Hudson Taylor quedó paralizado. Se dio cuenta de que olvidó orar por su propia protección. Así que convocó a otros cristianos para que se reunieran alrededor de él y expulsaron al demonio. ¿Extraño? Sí. Pero fue un hecho en la vida de Hudson Taylor.

Tercera, un hombre llamado Anthony fue llevado al Señor por uno de nuestros Pilotos de Luz cuando estaba en Westminster Chapel. Una vez se presentó para pedir oración. Dijo que sentía como si unas cuchillas de afeitar estuvieran cortándole el interior de su estómago. Se veía pálido y estaba muy adolorido. Agregó, avergonzado: "Lamento decirte que asistí a una misa negra". Entonces supe qué hacer, recordando la historia mencionada anteriormente del Dr. Lloyd-Jones. Comencé a decir: "Jesucristo ha venido en carne, Jesucristo ha venido en carne, Jesucristo ha venido en carne". Su rostro se torció y se veía asustado. Luego dije: "En el nombre de Jesús, sal de él y vuelve al lugar que perteneces". Mientras hablaba, su rostro se veía deformado y su voz llena de miedo. Luego se desmayó. Lo hice sentar dentro de Westminster Chapel. En unos minutos salió. Su rostro tenía color. Sonrió y dijo: "No sé qué hiciste, pero me siento muy bien".

Algunas personas han observado que una de las diferencias que se notan entre las personas que se salvan en América Latina y Estados Unidos es esta: en América Latina expulsan a los demonios en el momento de la profesión de fe de la persona. En Estados Unidos, los envían a seguir su camino, a veces con poco o ningún seguimiento.

Cuando Pablo dice: "No luchamos contra carne y sangre" sino contra "autoridades" y "principados espirituales" en los cielos (Efesios 6:12), se pueden hacer dos preguntas. Primero, ¿habla

Pablo por todos los cristianos? En otras palabras, ¿podemos tú y yo asumir que nosotros también nos incorporamos, automáticamente, a esta batalla por el hecho de que somos salvos? ¿O es esto algo en lo que Pablo entró y comparte con nosotros? Me inclino a pensar que no todos los cristianos saben de esto. Unos lo descubren, otros no.

La segunda pregunta: ¿Significa que Pablo no considera a las personas —es decir, "carne y sangre"— como el enemigo, sino más bien al diablo? En otras palabras, ¿ha aprendido a no tomar la oposición personalmente sino que ve al diablo detrás de ella? Si eso es así, sugiere que tú y yo no deberíamos ver a una persona que se opone a nosotros o no nos gusta como el origen de la oposición, sino que está siendo coaccionado por Satanás. Eso sería por qué Jesús le dijo a Pedro: "¡Apártate de mí, Satanás!" (Mateo 16:23). Él no acusó a Pedro de no ser salvo. No se enojó con Pedro mismo. Lo que él vio fue que Pedro estaba diciendo algo que Satanás originó.

Ya sea que tú y yo experimentemos lo que Pablo relata, esto es cierto: existe la posibilidad. Está allí presente. Quizás puedas evitarlo al mantenerte alejado de una relación más cercana con Dios. Pero así como caminas en la luz (1 Juan 1:7) y agradas a Dios plenamente, seguro que perturbarás al enemigo de Dios.

Como dijo Jonathan Edwards, cuando la iglesia es avivada, también lo es el diablo. Y cuando tú y yo somos avivados, también nos familiarizamos más con el enemigo principal de Cristo. Eso significa que estamos haciendo algo bien. También sugiere que seremos conocidos en el infierno, es decir, en el Tártaro.

CAPÍTULO 8

El día malo

Por último, fortalézcanse con el gran poder del Señor.
Pónganse toda la armadura de Dios para que puedan
hacer frente a las artimañas del diablo.
Porque nuestra lucha no es contra seres humanos,
sino contra poderes, contra autoridades,
contra potestades que dominan este mundo de tinieblas,
contra fuerzas espirituales malignas en las regiones
celestiales. Por lo tanto, pónganse toda la armadura de
Dios, para que cuando llegue el día malo puedan resistir
hasta el fin con firmeza. Manténganse firmes, ceñidos con el
cinturón de la verdad, protegidos por la coraza de justicia
y calzados con la disposición de proclamar el evangelio
de la paz. Además de todo esto, tomen el escudo de la fe,
con el cual pueden apagar todas las flechas encendidas
del maligno. Tomen el casco de la salvación y la espada
del Espíritu, que es la palabra de Dios. Oren en el Espíritu
en todo momento, con peticiones y ruegos. Manténganse
alertas y perseveren en oración por todos los creyentes.
—EFESIOS 6:10-18

Lo peor que le puede suceder a un hombre es
tener éxito antes de estar preparado.
—DR. MARTYN LLOYD-JONES

Me encontré con un amigo en Spring Harvest (un popular festival de Pascua en Gran Bretaña) hace algunos años y le pregunté: "¿Qué estás haciendo en estos días?". Él respondió: "Estoy en guerra espiritual". Mi corazón se hundió. Sabía que no duraría mucho en ello, ya que como ministerio especializado era una moda a la que algunos carismáticos estaban acudiendo. No puedo imaginar a alguien entrando voluntariamente en un ministerio así. Aunque no necesitas tener miedo al diablo, tampoco quieres provocar una pelea con él. Perdóname si esto te parece fuerte, pero nadie en su sano juicio debería retar a Satanás a un duelo.

Cuando Ellie Mumford fue usada por Dios para traer la Bendición de Toronto a la congregación Holy Trinity Brompton de Londres, en 1994, hizo la observación fortuita de que, durante su tiempo en Toronto, nunca escuchó mencionar "guerra espiritual" ni una vez. Ella parecía ver eso como algo positivo. Sé que esa es la forma en que lo interpreté. Pero muchos carismáticos habían estado cautivados con ese énfasis, y no les estaba llevando a ninguna parte espiritualmente.

Si atacas al diablo, no lo vas a alcanzar. Perderás cada vez que lo intentes. No eres rival para Satanás si crees que puedes entrar en su territorio y ponerlo en su lugar. La única vez que eres igual para el diablo es *cuando él te ataca* y estás preparado para enfrentarlo.

La guerra espiritual debe ser *defensiva*, si es que quieres ganar. Observa el clásico pasaje sobre la guerra espiritual citado anteriormente —Efesios 6:12-18— y nota que Pablo usa la palabra *resistir*, lo que es clave. Y todo el contexto se basa en cómo hacer frente cuando el diablo ataca. Tienes una gloriosa promesa de hacer frente sin ser derrotado cuando él te ataca. Pero no tienes ninguna promesa como esa si te lanzas a lo profundo, yendo a lugares espirituales sombríos sin que él te ataque primero. Si lo atacas, lo haces por tu cuenta. Cuando él te ataca, tienes las promesas de Dios en cuanto a cómo hacerle frente.

Es como el asunto de la prueba o la tentación. Santiago dijo que te consideres muy dichoso cuando te encuentres en diversas pruebas (Santiago 1:2). Dado que "muy dichoso" y "prueba" pueden ir juntas, alguien podría decir: "Necesito algo de dicha, por lo tanto, buscaré una prueba". ¡No seas tonto! La prueba llegará lo suficientemente pronto. No salgas a buscar una.

Es por eso que Jesús hizo la petición en Padrenuestro, "No nos dejes caer en tentación" (Mateo 6:13). Debemos orar diariamente por la instrucción de Dios. Louise y yo oramos el Padrenuestro diariamente. Así como no debemos salir a buscar una prueba, debemos orar: "Señor, que te plazca que hoy no sea llevado a la tentación". La palabra griega *peirasmos* significa "prueba", "tentación" o "incentivo". Cualquiera de estas palabras habría sido una traducción válida para el Padrenuestro.

El Dr. Michael Eaton formuló una sugerencia útil en cuanto a que podríamos enfatizar la palabra "a". Debemos orar para que Dios nos libre amablemente de ser lanzados a lo profundo. Ora, por lo tanto, para evitar la prueba. Ora para evitar la tentación. Ora, por lo tanto, para que a Dios le plazca guiarnos en una dirección libre de problemas. Pero si después de eso caemos en la prueba, Santiago tiene una palabra para nosotros: considérate muy dichoso. Cuando te sucedió pero no lo provocaste, calificas para una gran dicha. La palabra considerar es esencialmente la misma palabra griega (*egesasthe*) para *tomar en cuenta* o *contado*, que se usa en Romanos 4:3-5.

Como Dios *cuenta* nuestra fe por justicia, así nosotros deberíamos imputar la alegría a la prueba. Dios nos cuenta por justos aunque podemos ser impíos; nosotros contamos la prueba por dicha aunque inicialmente no sintamos esa alegría. Esto significa que si te encuentras en una prueba, en la que caíste pero no provocaste, calificas para considerarte dichoso en esa prueba. Eso es porque si *dignificas la prueba*, saldrás de ella oliendo a rosa. Te encontrarás en un nivel más alto de la gracia y el favor de Dios. Además, agradecerás a Dios por la misma prueba con la que inicialmente fuiste tentado a quejarte. Puedo testificar personalmente que, ahora, Louise y yo estamos agradecidos a Dios por la mayor prueba que enfrentamos en nuestras vidas. De hecho, fue lo mejor que nos pasó. Es por eso que deberíamos imputar alegría *por fe* a una prueba con anticipación a cómo nos sentimos.

Cada prueba es una tentativa de Dios, un examen. O apruebas o repruebas. Él lleva la cuenta. Si repruebas —como lo hice una y otra vez por demasiados años— Dios dice: "Lo siento por esto, pero tendré que organizar otra prueba para ti". La buena noticia es que Dios da segundas oportunidades. La mala es que si no comenzamos a dignificar las pruebas, en vez de quejarnos, gruñir, murmurar y lamentarnos, tenemos que seguir repitiéndolas. No todas son iguales, pero todas son pruebas para ver si finalmente comenzarás a dignificarla en vez de quejarte.

¿Por qué contarlas toda por dicha? Porque el resultado feliz de dignificar la prueba es muy dulce. La prueba es un prerrequisito para la alegría o la dicha.

Al mismo tiempo, no debemos salir a busca pruebas. Oramos para evitarlas tanto como podamos, pero cuando el "día malo" llega, Santiago nos dice que las tomemos con ambas manos y mostremos cuánto realmente creemos que Dios las controla.

El día malo. Sí. Así es como Pablo lo llama. Es cuando Dios le da permiso a Satanás para atacarte. Lo hizo con Job. Lo hará contigo y conmigo.

La prueba, por tanto, es lo que conduce a un gran crecimiento:

> Y no solo en esto, sino también en nuestros sufrimientos, porque sabemos que el sufrimiento produce perseverancia; la perseverancia, entereza de carácter; la entereza de carácter, esperanza. Y esta esperanza no nos defrauda,

porque Dios ha derramado su amor en nuestro corazón
por el Espíritu Santo que nos ha dado.

—Romanos 5:3-5

Pablo usa la expresión "el día malo" en Efesios 6:13. David, en los Salmos, se refiere al "día de mi angustia" (Salmos 86:7). "Él me esconderá en su tabernáculo en el día de la angustia" (Salmos 27:5). Dios dice: "Clama a mí en el día de la angustia" (Salmos 50:15). La pregunta sería: ¿Es Satanás el arquitecto de un "día de angustia"? ¿Es esto a lo que Pablo se refiere con "el día malo"? La respuesta, creo, son dos. Primero, hay días que son difíciles, cuando las cosas van mal. Si comenzamos a quejarnos tan pronto como vemos que las cosas no son suaves, el diablo saltará y magnificará lo que de otro modo habría pasado bastante rápido. Creo que hay días en los que, por permiso y diseño soberano de Dios, Satanás tiene la oportunidad de atacarnos.

Uno de los sermones más grandes que he escuchado lo predicó Josef Tson, en Westminster Chapel. Llamó a su sermón "Razones misteriosas para el sufrimiento". Una de las razones que Josef ofreció fue que los ángeles querían ver si Job, que lo tenía todo pero lo perdió, maldeciría a Dios bajo circunstancias extremadamente difíciles. De igual manera, los ángeles nos están observando para ver cómo reaccionaremos en un día malo. El Libro de Job es una larga explicación de lo que podría llamarse el día malo. Pero Dios lo inició (Job 1:8). Dios lo terminó (Job 38:1). Job nos dice, al final, lo que aprendió: "Ahora sé que tú puedes hacer todas las cosas, y que ningún propósito tuyo puede ser frustrado" (Job 42:2).

En otras palabras, hay días que nosotros mismos podemos hacer malos, por nuestros quejidos. Pero podrían ser de corta duración si consideráramos la prueba como "pura alegría". Sin embargo, hay días especiales, de pruebas severas, como con

Job, que duran un tiempo. Pero esto también obrará para bien (Romanos 8:28).

Uno de los días más memorables de mi vida fue cuando Billy Graham vino a Westminster Chapel para pasar tiempo conmigo antes de predicar en la congregación dos días después. Voluntariamente me brindó esta información: "Antes de cada cruzada que celebramos, siempre ha habido un ataque del diablo. A veces son miembros del equipo peleándose entre sí. Pero siempre sucede algo". Él mismo fue atacado con una enfermedad extraña justo antes de venir a verme. Fue al hospital después que pasamos tiempo juntos y casi necesitó cancelar su compromiso de predicación con nosotros. Pasó la noche del domingo con una hemorragia nasal. Pero predicó con una caja de pañuelos desechables mientras hablaba.

En una palabra: hay dos tipos de días malos: (1) cuando los hacemos malos por nuestra falta de fe, y (2) cuando Satanás inicia un ataque.

Además, Pablo nos dice cómo hacerle frente en Efesios 6:10 (RVR1960): "Fortaleceos en el Señor y en el poder de su fuerza". Si hacemos esto, seremos capaces de resistir al diablo.

A menudo se dice que la mejor defensa es un buen ataque. ¡Pero no con el diablo! Eso será cierto en el fútbol. En el baloncesto. En el balompié. Pero no en una pelea con Satanás. Deja que él comience. Si somos fuertes en el Señor, seremos capaces de resistir el día malo y mostrar, una vez más, que Satanás siempre sale derrotado.

¿QUÉ SIGNIFICA MANTENERSE FIRME?

Como vimos anteriormente, Pablo usa la palabra resistir en su alocución. ¿Qué hacemos cuando el diablo ataca? Nos mantenemos *firmes*. Esto significa:

1. No caminamos.
2. No corremos.
3. No tropezamos.
4. No retrocedemos.
5. No caemos.

Lo que se requiere de ti y de mí cuando Satanás ataca es una cosa: resistir. Hasta que pase la tormenta, nuestra arma es resistir. ¿Cómo hacemos cualquier progreso espiritual en una prueba severa? Resistiendo. Esperando. La tormenta pasará. Todas las pruebas tienen una escala de tiempo. Puede que pensemos: "Esto nunca terminará". Pero acabará. Y cuando termine, hasta ahí. En el cielo obtienes un boletín de calificaciones: apruebas o repruebas. Si apruebas, ¡felicitaciones! Eso significa que estás creciendo.

¿Cómo sabrás si pasas la prueba? Sentirás la sonrisa de Dios por el testimonio interno del Espíritu Santo. Si dignificaste la prueba, lo sabrás. Si te quejaste todo el tiempo, sentirás tristeza, una sensación de disgusto divino u otro malestar. Significa que Dios volverá en el futuro con otra prueba. La buena noticia es que él permanecerá con nosotros hasta que aprobemos. Me avergüenza admitirlo, pero pasé muchos años como cristiano antes que finalmente despertara y comenzara a dignificar la prueba. Dios tiene gracia y es paciente.

Sin embargo, hay una oración destacada en Efesios 6:12 que no debes pasar por alto. Este pasaje es introducido por estas palabras, "Fortaleceos en el Señor y en el poder de su fuerza". En otros términos, ¿qué te prepara para el ataque satánico? Es ser fuerte en el Señor y en el poder de su fuerza poderosa. Esto significa preparación sin cesar, veinticuatro horas al día, siete días a la semana. Nunca sabes cuándo atacará el diablo.

Pedro dijo:

Practiquen el dominio propio y manténganse alerta. Su enemigo el diablo ronda como león rugiente, buscando a quién devorar. Resístanlo, manteniéndose firmes en la fe, sabiendo que los creyentes en todo el mundo soportan la misma clase de sufrimientos.

—1 Pedro 5:8-9

Santiago dijo prácticamente lo mismo:

Así que sométanse a Dios. Resistan al diablo y él huirá de ustedes.

—Santiago 4:7

Observa el orden de Santiago: (1) sométanse a Dios. Esto es lo mismo que ser "fuerte en el Señor", luego (2) resistan al diablo. Si tú y yo no hemos hecho la preparación adecuada, siendo fuertes en el Señor, es casi seguro que no se verá que Satanás se ha excedido a sí mismo.

Dicho esto, nuestro enemigo el diablo es un adversario vencido. Perdió en la cruz. Resístelo. Eso se hace *resistiendo*.

Nunca subestimes la importancia de la preparación. Eso significa estar listo. Mantenerte listo. Nunca sabes cuándo atacará Satanás, al igual que ignoras la segunda venida de Cristo. No sabemos ni el día ni la hora en que vendrá. Jesús nos dijo que estuviéramos listos (Mateo 24:45-51). Del mismo modo, de acuerdo con Santiago y Pedro, sé sobrio, permanece alerta. Prepárate para el ataque.

Si *resistes*, habiendo sido preparado para ser fuerte en el Señor, encontrarás que el diablo se engañó a sí mismo como lo hizo cuando pensó que la crucifixión de Jesús fue idea suya. Como dije, si las autoridades y los poderes hubieran sabido lo que estaba pasando, no habrían crucificado al Señor de la gloria (1 Corintios 2:8).

Se debería anhelar los mejores, o "mayores", dones del Espíritu (1 Corintios 12:31). Uno de los dones más importantes es el discernimiento de espíritu (1 Corintios 12:9). Lo primero que debemos saber sobre ese don es tener el discernimiento para reconocer al genuino Espíritu Santo. En mi libro *Pigeon Religion*, argumentar el caso de que algunas personas asumen precipitadamente que Dios se está manifestando cuando en verdad es religión de palomas. Las palomas y los pichones están en la misma familia. Anatómicamente, las palomas y los pichones son exactamente iguales. Pero en lo temperamental son diferentes. Puedes entrenar a un pichón, pero no a una paloma. El pichón es ruidoso; la paloma es gentil. Una verdadera habilidad para discernir espíritus es importante, especialmente en este libro.

Aun cuando Pedro dijo que el diablo puede venir como león rugiente, Pablo alegó que puede venir como ángel de luz (2 Corintios 11:14). Es cierto que el diablo puede ser prominente en lugares que hacen brujería y en lugares de prostitución, pero también puede poseer a las personas más sofisticadas y dignas. Puede ser un banquero, un médico, un contador o un político. Lo que Pablo está diciendo en 2 Corintios 11:14 es que nada debe sorprendernos.

Como dije, Satanás pensó que era el arquitecto de la crucifixión de Jesús. Pero fue derrotado por el poder de la cruz y la resurrección de Cristo. Jesús fue "según el determinado propósito y el previo conocimiento de Dios" (Hechos 2:23). Dios superó a Satanás por su plan predestinado, la sangre que Jesús derramó y la resurrección. Es más, como oraron los discípulos, lo que muestra su teología,

En efecto, en esta ciudad se reunieron Herodes y Poncio Pilato, con los gentiles y con el pueblo de Israel, contra tu santo siervo Jesús, a quien ungiste para hacer lo que

de antemano tu poder y tu voluntad habían determinado
que sucediera.

—Hechos 4:27-28

Satanás se equivocó. Siempre lo hace. Pero si no "resistimos"
cuando viene el día malo, puede fingir que gana. Por eso vencemos a Satanás, por la sangre del Cordero y la palabra de nuestro
testimonio (Apocalipsis 12:11). Debemos testificar, ser instrumen-
tales y no tener miedo de asumir la postura que sea necesaria.

LA IMPORTANCIA DE TENER UNA TEOLOGÍA SÓLIDA

Estuve en Bimini hace unos años para pescar con mosca mientras
estaba de vacaciones. Eso fue cuando aún estábamos ubicados en
Westminster Chapel. Encendí la televisión una noche y vi hablar
a un joven evangelista. Era la primera vez que lo veía. No había
oído hablar de él (estar en Inglaterra hacía que me mantuviera
desconectado de lo que estaba pasando en Estados Unidos). Tuve
una sensación negativa. Aunque dotado, me pareció teológicamente superficial. Un par de años después, he aquí, este mismo
predicador estaba en Londres y se presentó ante mí. Supe que iba
a tener reuniones en una gran ciudad estadounidense, que iba a
atacar al diablo y los males de esa ciudad. Cuando escuché eso,
me estremecí. El resultado de su ataque fue que no solo fracasó,
sino que su ministerio quedó permanentemente marginado.

Dado que nos habíamos conocido, le escribí una carta y cité al
Dr. Lloyd-Jones: "Lo peor que le puede suceder a un hombre es
tener éxito antes de estar preparado". Le insté a que no tuviera
prisa por volver a la prominencia. El que se humilla será exaltado; el que se exalta será humillado (Lucas 14:11). El orgullo
precede a la caída (Proverbios 16:18). Sentí que si se humillaba
y esperaba el tiempo de Dios, todavía podría tener un futuro.
Su fracaso fue, en mi opinión, una evidencia de la precaución

del Dr. Lloyd-Jones. Por lo que pude decir, aunque agradeció mi carta, ignoró completamente mi consejo. Ahora es el hombre de ayer cuando podría haber sido el hombre de hoy y de mañana. Cuando inicialmente lo vi en la televisión mientras estaba en Bimini, mi sensación fue que no estaba preparado para el éxito que parecía tener, no necesariamente por su edad, sino por la falta de un sólido entendimiento de la Biblia. Más tarde supe que, lamentablemente, personas prominentes lo estaban impulsando y elogiando. La prueba eventual de que no estaba preparado para el éxito fue su falta de conocimiento. Eso fue evidenciado aún más por su ingenua noción de que podía atacar al diablo y vencerlo.

"Mi pueblo es destruido por falta de conocimiento" (Oseas 4:6). Dios quiere que su pueblo sepa al menos dos cosas: conocimiento de su Palabra y conocimiento de sus caminos. Lo más triste hoy entre demasiados cristianos, y líderes de la iglesia, es su falta de lectura y conocimiento de sus Biblias. Esto incluye a los pastores. Te insto, querido lector, no solo a tener un plan de lectura bíblica que te lleve a través de la Biblia en un año, sino una vida de oración que muestre cuánto deseas conocer al Señor. Llegamos a conocer a alguien si pasamos tiempo con esa persona. Lo mismo ocurre con Dios. Invierte tiempo en la oración y leyendo la Palabra de Dios. "Mi pueblo no conoció mis caminos", lamentó Dios al referirse a los hijos de Israel (Hebreos 3:10). Solía instar a todos los miembros de Westminster Chapel a pasar treinta minutos al día en oración y leyendo la Biblia. Uno de mis diáconos, ahora en el cielo, pasó una hora al día orando por mí durante casi veinticinco años. Insto a los ministros a orar al menos una hora al día. Martín Lutero pasaba dos horas al día en oración. John Wesley pasaba dos horas al día en oración. Pero, ¿dónde están los Lutero y los Wesley de hoy?

Lo siento, pero el líder de la iglesia promedio, según una encuesta muy confiable, pasa cuatro minutos al día en tiempo devocional.

La iglesia primitiva tenía una visión robusta de la soberanía de Dios. Esto falta completamente en la iglesia de hoy, hablando en general. Todos los intentos de hacer "guerra espiritual" que he visto personalmente han emanado de una comprensión superficial del poder y la soberanía de Dios.

La guerra espiritual será exitosa cuando estemos equipados y listos para el ataque del diablo. Debo repetir: no ataques al diablo. Nadie es rival para él. Pero si él ataca y estás espiritualmente preparado, se verá que se engañó a sí mismo, como sucedió el Viernes Santo y la Pascua.

CAPÍTULO 9

Maldad colectiva

Cuando los fundamentos son destruidos,
¿qué le queda al justo?
—Salmos 11:3

Los mayores males del mundo no serán llevados
a cabo por hombres con armas, sino por hombres
con trajes sentados detrás de escritorios.
—C. S. Lewis (1898-1963)

Visité el campo de concentración de Auschwitz hace casi cincuenta años. Cuando vi aquella chimenea alta y ancha dentro de la puerta contigua a una vía de tren, me pregunté si era lo que pensaba que era. Lo era. Estaba situada en las cámaras de gases que cremaban a los judíos en 1944. No digo que me traumaticé. Pero es posible que eso me pasara. Solo puedo decir que hasta el día de hoy, cada vez que veo una chimenea, ya sea en una fábrica o un crematorio, pienso en Auschwitz. Me dejó con una sensación horrible que revive cada vez que veo una chimenea.

Es difícil imaginar que un ser humano, en tiempos antiguos o modernos, pudiera efectuar un mal tan grande como el organizado por Adolfo Hitler (1889-1945), que llevó a la muerte de seis millones de judíos. Fue una mente arquitectónica y maligna que dio a luz la idea de deshacerse de todos los judíos y enviarlos a lugares como Auschwitz para su exterminio y cremación absoluta. He leído historias sobre él, y también sobre Adolf Eichmann (1906-1962), que llevó a cabo el perverso plan. Informes dicen que personalmente observó el sufrimiento de los judíos con alegría.

¿Cómo podría una persona concebir tal maldad y llevarla a cabo? Uno piensa en los supuestos actos malvados del emperador romano Nerón (37 a. C. - 68 d. C.). O en las acciones de Joseph Stalin (1878-1953), que ejecutó a millones; además de los millones que también murieron de hambre bajo su instrucción. Hemos visto cómo la gente de ISIS disfruta decapitando a personas inocentes, cortando sus cabezas frente a las cámaras de televisión. Me ahorraré al lector enumerar más actividades atroces y maldades.

La pregunta es esta: ¿Cómo puede una persona ser tan malvada, tan horrible, tan terrible?

Sin embargo, si escuchamos al teólogo Reinhold Niebuhr (1892-1971), el mal no debe remontarse hasta el individuo, sino hasta el comportamiento colectivo de la humanidad. Él escribió un libro llamado *Hombre moral y sociedad inmoral*. En él argumenta que las personas son más propensas a pecar como miembros de grupos que como individuos. Es una visión muy ingenua de la naturaleza humana. Niebuhr formaba parte del popular movimiento neoortodoxo de mediados del siglo veinte. Al adoptar esa visión, Niebuhr rechazó no solo la enseñanza cristiana clásica de la plena inspiración de la Santa Escritura en general, sino la doctrina del pecado original en particular, como enseñó San Agustín (354-430).

La era de Niebuhr se paralelizó con una noción creciente, cada vez más extendida y generalizada de que el hombre es básicamente bueno. La gente es buena en esencia, muchos están de acuerdo con eso. Simplemente necesitas buscar lo bueno en las personas y lo encontrarás. Mientras escribía este capítulo vi un comercial de televisión que decía: "El amor está en ti, pásalo".

Este tipo de pensamiento coincide con la idea de que el hombre ciertamente no es malvado, sino esencialmente bueno. Entonces podrías decir: "Pero, todo el tiempo, ves cosas buenas que la gente hace por la humanidad, ¿no es cierto?". Por supuesto que lo es. Jesús lo implicó en la famosa parábola del Buen Samaritano (Lucas 10:29-37). Ese es un ejemplo de la doctrina de la "gracia común", que se examinará a continuación.

Niebuhr, muy admirado por el presidente Jimmy Carter, fue galardonado con la Medalla Presidencial de la Libertad en 1964 cuando Lyndon B. Johnson fue presidente. Este es un ejemplo típico del liberalismo teológico más el racismo, el aborto legalizado y la aceptación del matrimonio entre personas del mismo sexo que ha, en mi opinión, traído el juicio de Dios sobre Estados Unidos de América, como muestro en mi libro *Nunca antes pasamos por este camino*.

San Agustín sugirió las cuatro etapas del hombre:

1. El hombre fue creado con *capacidad de pecar*.
2. Después de la caída, el hombre *no fue capaz de no pecar*.
3. Después de la regeneración, el hombre fue *capaz de no pecar*.
4. En la glorificación en el cielo, el hombre *no será capaz de pecar*.

La enseñanza tradicional de la depravación natural del hombre ha sido derrocada por la iglesia en general en nuestra generación. Esta enseñanza, sin embargo, no sugiere que todas las personas sean tan malas como podrían serlo. Pero el potencial para el mal reside en cada persona desde el momento de su nacimiento. Es por gracia que las personas no son tan malas como podrían ser. La enseñanza de la depravación natural del hombre no tiene en cuenta la instrucción protestante de la gracia común de Dios:

"gracia especial en la naturaleza", como lo formuló un reformador protestante. La enseñanza de Agustín muestra que todas las personas son pecadoras, tal como enseña la Biblia:

> ¿A qué conclusión llegamos? ¿Acaso los judíos somos mejores? ¡De ninguna manera! Ya hemos demostrado que tanto los judíos como los que no son judíos están bajo el pecado. Así está escrito: "No hay un solo justo, ni siquiera uno; no hay nadie que entienda, nadie que busque a Dios. Todos se han descarriado; juntos se han corrompido. No hay nadie que haga lo bueno; ¡no hay uno solo!". "Su garganta es un sepulcro abierto; de su lengua salen engaños". "¡Veneno de víbora hay en sus labios!". "Llena está su boca de maldiciones y de amargura". "Veloces son sus pies para ir a derramar sangre; dejan ruina y miseria en sus caminos, y no conocen la senda de la paz". "No hay temor de Dios delante de sus ojos". Ahora bien, sabemos que todo lo que dice la Ley, lo dice a quienes están sujetos a ella, para que todo el mundo se calle la boca y quede convicto delante de Dios. Por tanto, nadie será justificado en presencia de Dios por hacer las obras que exige la Ley; más bien, mediante la Ley cobramos conciencia del pecado. Pero ahora, sin la mediación de la Ley, se ha manifestado la justicia de Dios, de la que dan testimonio la Ley y los Profetas. Esta justicia de Dios llega, mediante la fe en Jesucristo, a todos los que creen. De hecho, no hay distinción, pues todos han pecado y están privados de la gloria de Dios.
>
> —Romanos 3:9-23

La visión de que el hombre es pecador y necesita un Salvador es la base del evangelio, como enseñó Pablo.

Lo que Pablo dice en estos versículos, en Romanos, muestra el estado de la humanidad después de la caída, es decir, la forma en que todas las personas nacen. Nacemos "muertos" (Efesios 2:1). Eso significa que el hombre es incapaz de no pecar a menos que el Espíritu de Dios le imparta vida.

Lo que Pablo escribe en Romanos 3 delinea el estado en el que tú y yo nacimos. En pecado fuimos concebidos (Salmos 51:5). Nos desviamos desde el nacimiento "hablando mentiras". ¡No tienes que enseñarle a un niño cómo mentir!

Para decirlo de otra manera, "todos han pecado y están privados de la gloria de Dios" (Romanos 3:23). No hay diferencia en este punto entre un judío y un gentil. Un romano o un alemán. Un estadounidense o un español. Romanos 3 describe la condición en la que nació Nerón. Podría tomar un Hitler o un Stalin para convencer al mundo del peligro potencial del pecado, pero el Espíritu Santo puede caer sobre la persona más santa de la tierra y llevarla a clamar: "¡Ay de mí!" (Isaías 6:5). El pecado es la condición natural en la que nacieron Hitler, Stalin, Billy Graham, tú y yo.

Por lo tanto, solo el Espíritu Santo permitirá verdaderamente a uno ver con claridad su propio pecado, o incluso apreciar lo que es el pecado en general. No es necesario ser un Hitler o un Stalin para ser pecador. El orgullo y la incredulidad, ambos ejemplos principales de pecado, yacen en la raíz del mal. A menos que el Espíritu Santo mismo se mueva en nosotros, nunca veremos el orgullo y la incredulidad como males graves. La mayoría de las personas dirían que el orgullo es inofensivo, incluso algo bueno; motiva a uno a lograr cosas, como vimos al tratar con Eclesiastés 4:4.

La pregunta es, ¿qué convierte a una persona, que nace en pecado como el resto de la humanidad, en un monstruo para que sea un Nerón o un Hitler? Respondo: la posesión demoníaca. Se nos dice que Satanás entró en Judas Iscariote. ¿Cómo podría alguien ser tan malvado, habiendo presenciado los milagros de Jesús, sus sermones, sus parábolas, su amor por los pecadores, sus diálogos con los fariseos y saduceos, sin mencionar haber sido enseñado cómo orar? No es la depravación humana normal lo que hace a la maldad tan perversa. Judas necesitaba ayuda externa, ayuda del mismo diablo. Aquí hay tres escrituras que vale la pena notar:

> Llegó la hora de la cena. El diablo ya había incitado a Judas Iscariote, hijo de Simón, para que traicionara a Jesús.
>
> —Juan 13:2

> Tan pronto como Judas tomó el pan, Satanás entró en él.
>
> —Lo que vas a hacer, hazlo pronto —le dijo Jesús.
>
> —Juan 13:27

> Entonces entró Satanás en Judas, uno de los doce, al que llamaban Iscariote.
>
> —Lucas 22:3

Mi explicación entonces para los Nerón y Stalin de este mundo se resume en una palabra: demoníaco. Eso es cuando Satanás, o uno de sus ángeles caídos, entra en el cuerpo y la mente de un ser humano. A veces es más de un demonio. María Magdalena tenía siete antes de ser liberada (Marcos 16:9; Lucas 8:2). En el relato de Marcos, en cuanto al endemoniado gadareno, Jesús preguntó por su nombre. Él respondió: "Mi nombre es Legión, porque somos muchos" (Marcos 5:9). Cuando Jesús sanó a un hombre con un espíritu inmundo, este gritó: "¿Qué tienes que ver con nosotros, Jesús de Nazaret? ¿Has venido a destruirnos? Sé quién eres: el Santo de Dios" (Marcos 1:24). Nota la palabra tácita "nosotros" en Marcos 1:24, lo que implica que había más de un demonio en esa persona. Igualmente en el relato de Mateo: "¿Has venido aquí a atormentarnos antes de tiempo?" (Mateo 8:29).

Observa dos cosas en los párrafos anteriores. Primero, muestra que el diablo conoce su destino. Se describe en el Libro de Apocalipsis como lleno de ira porque sabe que "su tiempo es corto" (Apocalipsis 12:12). Segundo, muestra cómo cree el diablo en Dios. Esto es lo que dice Santiago: "Hasta los demonios creen, y tiemblan" (Santiago 2:19). La creencia aquí no significa verdad sino más bien creencia en la existencia de Dios. No solo eso, sino que el diablo tiene una visión ortodoxa de Dios: que Dios es uno (Santiago 2:19) y que Jesús es el Santo de Dios (Marcos 1:24).

Una mujer tenía un "espíritu de enfermedad durante dieciocho años. Estaba encorvada y no podía enderezarse completamente". Jesús le dijo: "Eres libre de tu enfermedad" (Lucas 13:11-12). ¿Significa esto que el "espíritu de enfermedad" era demoníaco? Posiblemente. ¿Era la mujer que tuvo el flujo de sangre durante doce años (un médico cristiano dijo que eso se refería a una mujer que nunca dejó de tener sus períodos) poseída por un demonio? No lo sé.

Hay preguntas sobre lo demoníaco que no puedo explicar. Por ejemplo, ¿cómo podría un niño estar poseído por un demonio desde la infancia? No lo sé. Pero las principales cadenas de televisión han dado informes de niños con demonios. Un informe dijo que en un estado, los niños caminaban por las paredes, levitaban y hablaban en voces extrañas.

No soy experto en esta área, ni me interesa serlo. Prefiero dejar que algunas cosas permanezcan como misterio. Cuando Moisés quiso entender cómo un arbusto podía arder en llamas y no consumirse, Dios le dijo que se quitara los zapatos y adorara (Éxodo 3:5-6). Hay algunas cosas que Dios no quiere que entendamos. Deberíamos quitarnos los zapatos.

Sin embargo, relataré dos historias. Durante mis últimos dos años en Westminster Chapel, celebrábamos servicios de sanidad —semanales— después de la predicación. Una noche dominical, una señora de Perú se acercó y me dijo: "Sane a mi esposo". Le respondí: "¿Qué quiere decir con que 'sane a su esposo'?". Ella respondió: "La semana pasada usted oró por mí. Tenía una mordedura de serpiente hace años. Mi pierna derecha estaba hinchada, enorme. A la mañana siguiente estaba normal, como la otra. Sin médico, sin medicina. Ahora, por favor, sane a mi esposo". Ella tenía mucha fe. Más que yo. Pero le dije a su esposo: "¿Cuál es su problema?". Él dijo: "Que no duermo. No he tenido una buena noche de sueño en veinticinco años. Los espíritus me sacan de la cama". Un diácono se unió a mí y lo ungimos con aceite. No intentamos expulsar al demonio, aunque ese era obviamente su problema. Regresó la semana siguiente para decirme: "Dormí tres noches esta semana, por primera vez en veinticinco años. ¿Podría intentarlo de nuevo?". Lo hicimos. La semana siguiente informó: "Dormí siete noches. Como un bebé". Permanecieron con nosotros hasta que me jubilé. El problema nunca regresó.

¿Debería haber expulsado al demonio? Estoy seguro de que algunos podrían haberlo hecho. Simplemente oramos como siempre lo hacíamos, ungiendo con aceite según Santiago 5:14. La posesión demoníaca puede ser la causa de la enfermedad. Me siento incómodo al afirmar que lo demoníaco está detrás de todas las enfermedades.

Dicho todo esto, vuelvo a la visión de Reinhold Niebuhr de que el pecado no debe rastrearse hasta un individuo, sino al mal que proviene de la sociedad en conjunto. Como dije anteriormente, esa es una visión ingenua del hombre y del pecado, y contraria a la Sagrada Escritura. Sin embargo, acepto que la sociedad puede magnificar el mal y ser responsable de atrocidades inimaginables. Auschwitz se puede explicar no solo por Hitler, sino por una visión generalizada, el nazismo, que esparció odio hacia los judíos. Se basó en la superioridad racial. Es lo mismo que la supremacía blanca, una visión consciente e inconscientemente sostenida por demasiados estadounidenses. Dios odia eso. El hecho de que algunas personas no sientan el odio de Dios por el racismo no significa que Dios no lo sienta. De hecho, de la misma manera que los cristianos pueden decir "Dios te bendiga" en vez de dar comida y refugio a las personas, y no sentir la más mínima sensación de pecado por evitar la responsabilidad, así muchos de nosotros, cristianos blancos, no queremos contemplar el dolor que muchos afroamericanos sienten.

De la misma manera que muchos estadounidenses blancos, incluidos los cristianos nacidos de nuevo, no sienten vergüenza por no empatizar con lo que sienten los afroamericanos, así participamos en el racismo que ha lastimado a los afroamericanos y ha entristecido el corazón de Dios.

Es cierto que los individuos pueden ser racistas. Por supuesto. Y que no todos los estadounidenses blancos son racistas. Gracias a Dios. Pero el pecado colectivo del racismo por millones de personas blancas, incluidos los evangélicos ha sido, en mi opinión, igual a lo que el nazismo hizo en Auschwitz.

Sí. Mucho más que seis millones de judíos siendo exterminados en Auschwitz durante la Segunda Guerra Mundial, también está el hecho de que los afroamericanos han sido marginados, lastimados, odiados y descuidados por el racismo.

El racismo es un mal colectivo.

No hay fin a cómo el mal colectivo ha traído miedo a este mundo. Llamarlo "feo" parece tan débil para describir lo que el mal colectivo puede ser. Como dijo C. S. Lewis, los mayores males no provienen de las armas, sino de los hombres en traje detrás de los escritorios. Desde partidos políticos (tanto demócratas como republicanos) y medios de comunicación (tanto CNN como Fox News) hasta los sistemas bancarios y educativos (desde las escuelas primarias hasta las universidades); desde el mundo del entretenimiento (tanto Hollywood como las cadenas de televisión) hasta los problemas ambientales; desde la política exterior hasta la iglesia en general.

Llegará un día en que Dios limpiará su nombre. Dios todopoderoso es la persona más calumniada del universo. El problema del mal se coloca universal y categóricamente a los pies de Dios. Lo culpamos por todo.

Una diferencia entre el cristiano y el no cristiano es esta: los cristianos limpian el nombre de Dios ahora; un día toda rodilla se doblará y toda lengua confesará que Jesucristo es Señor para la gloria de Dios Padre (Filipenses 2:8-11), y luego afirmará la santidad, justicia y amor de Dios.

Quizás la mayor sensación de miedo satánico es la consecuencia del COVID-19. Satanás ha explotado y capitalizado el COVID, que en mi opinión es el juicio amable de Dios. Para aquellos que no tienen una convicción robusta sobre la soberanía de Dios, el miedo que ha sido causado por esa epidemia es enorme.

Hay quienes dicen que solo el diablo traería algo así ya que Dios solo hace cosas agradables y positivas. ¿En serio?

> "Yo formo la luz y creo las tinieblas, traigo bienestar y creo calamidad; yo, el Señor, hago todas estas cosas. ¡Destilen, cielos, desde lo alto! ¡Nubes, hagan llover justicia! ¡Que se abra la tierra de par en par! ¡Que brote la salvación! ¡Que crezca con ella la justicia! Yo, el Señor, lo he creado".
>
> —Isaías 45:7-8

> Miren, hoy les doy a elegir entre la bendición y la maldición: bendición, si obedecen los mandamientos que yo, el Señor su Dios, hoy les mando obedecer; maldición, si desobedecen los mandamientos del Señor su Dios y se

apartan del camino que hoy les mando seguir, y se van tras dioses extraños que jamás han conocido.

—Deuteronomio 11:26-28

¿Podría el Dios de la Biblia causar miedo? "Seguramente no", dicen algunas personas. Pero esto es lo que dijo Moisés:

En esas naciones no hallarás paz ni descanso. El Señor mantendrá angustiado tu corazón; tus ojos se cansarán de anhelar y tu corazón perderá toda esperanza. Noche y día vivirás en constante zozobra, lleno de terror y nunca seguro de tu vida. Debido a las visiones que tendrás y al terror que se apoderará de ti, dirás en la mañana: "¡Si tan solo fuera de noche!", y en la noche: "¡Si tan solo fuera de día!".

—Deuteronomio 28:65-67

Aunque estas advertencias en Deuteronomio se refieren al antiguo Israel, eran de Dios Todopoderoso, el Padre de nuestro Señor Jesucristo. No solo eso, sino que miles desde COVID-19 han experimentado miedo no muy diferente a esa descripción. Una de las consecuencias más obvias del COVID-19 es el miedo. Como dije, es mi opinión que Dios está detrás de COVID-19. O, para citar al cardenal Timothy Dolan, arzobispo de Nueva York, cuando se le preguntó: "¿Dónde está Dios con este COVID-19?", él respondió: "Está en medio de todo esto".

Algunos que niegan la inspiración de la Sagrada Escritura quieren decir que el Dios del Antiguo Testamento es diferente del Dios del Nuevo Testamento. No es cierto, en absoluto. En primer lugar, Jesús nunca se disculpó por el Dios del Antiguo Testamento. ¡Ese es su Padre!

Dios tiene el control. Control supremo. Nuestro Señor Jesucristo controla el universo por su poder (Hebreos 1:3). El mismo

Dios que le dio permiso a Satanás para probar a Job, es el Señor Dios que todavía controla lo que el diablo hace. Además, para aquellos que se niegan a maldecir a Dios, como Job, será la preciosa experiencia de decir: "Yo sé que tú lo puedes todo, y que no hay pensamiento que te sea oculto" (Job 42:2).

Te reto a ver lo que Dios hará por aquellos que dignifican cada prueba que Dios permite.

CAPÍTULO 10

El camino a seguir

A quien ustedes perdonen, yo también lo perdono.
De hecho, si había algo que perdonar, lo he
perdonado por consideración a ustedes en presencia
de Cristo, para que Satanás no se aproveche de
nosotros, pues no ignoramos sus artimañas.
—2 Corintios 2:10-11

Cada vez que perdonas decepcionas al diablo.
—Rick Warren

La mejor arma en la guerra espiritual es el perdón total. Si en nuestros corazones hay amargura, falta de perdón y rencor, inevitablemente fracasaremos cuando llegue el día malo. Perderás cada vez que lo intentes; Satanás ganará cuando eso ocurra.

No hay condición humana que ponga a Satanás en la vía rápida hacia nuestra derrota como la falta de perdón.

Temo que hay quienes entran en el área de la guerra espiritual, pasando por alto la necesidad de un perdón total, con la suposición de que pueden hablar directa y claramente al diablo, como si uno le dice a Satanás: "Piérdete, diablo, en el nombre de Jesús". He observado a personas que son poco expertas, pero quieren dirigirse al diablo de esa manera. Asumen un alto nivel de espiritualidad y autoridad. Algunas de esas personas no conocen sus Biblias pero quieren demostrar lo que pueden hacer. "Un poco de aprendizaje es algo peligroso", como dijo Alexander Pope (1688-1744).

Incluso si tienes el don de milagros (1 Corintios 12:10) pero usas este don mientras vives en amargura, pagarás un precio caro más adelante. El don de Saúl floreció, sí, cuando no estaba bien con Dios (1 Samuel 19:23-24), pero llegó el día en que dijo: "He sido un necio" (1 Samuel 26:21, RVR1960).

Cuando mides la proporción de espacio que el Nuevo Testamento da a la guerra espiritual y lo comparas con el lugar que ocupa para algunos cristianos y líderes de la iglesia, encontrarás que estos últimos a menudo le dan mucha, mucha más atención que el Nuevo Testamento. De hecho, demasiados cristianos hoy le dan al diablo más atención y le muestran más miedo que el temor que le dan a Dios.

En otros libros he hecho la observación de que hay un divorcio silencioso en la iglesia, hablando en general, entre la Palabra y el Espíritu. En un divorcio algunos hijos se quedan con la madre, otros con el padre. En este divorcio hay quienes están del lado de la "Palabra" y quienes están del lado del "Espíritu". También he notado que las personas de la Palabra enfatizan los "frutos" del Espíritu (Gálatas 5:22); las personas del Espíritu tienden a enfatizar los "dones" (1 Corintios 12:8-10).

La práctica del perdón total debería ser bienvenida y abrazada por ambos lados. Es la mayor necesidad en la iglesia hoy, ya sea que estés del lado de la Palabra o del lado del Espíritu. No solo eso, sino que el perdón total es lo más difícil de hacer bajo el sol. Se necesita una disciplina mínima para entrar en guerra espiritual. Se necesita mucha disciplina para perdonar totalmente a aquellos que te han calumniado, herido, mentido sobre ti y querido destruirte. Es más fácil olvidar el perdón total y sumergirse en expulsar demonios.

La declaración clásica de Pablo sobre la guerra espiritual en Efesios 6:10-18 muestra la necesidad de disciplina personal en la vida de uno. Es por eso que Pablo comienza con las palabras: "Fortaleceos en el Señor" (Efesios 6:10, RVR1960). Él no dice simplemente: "Sed fuertes". Dice: *Fortaleceos en el Señor* (énfasis añadido). Esto asume una relación con Jesús que te permite estar equipado cuando llegue el día malo. Y vendrá.

Aunque Pablo usa la frase "en el Señor" una y otra vez en Efesios, en Efesios 6:10 la emplea de manera diferente. Está hablando de una intimidad personal con el Señor Jesucristo. Eso significa conocerlo a través del poder de su resurrección y su sufrimiento (Filipenses 3:10).

La enseñanza del perdón es el aspecto más descuidado en la iglesia, especialmente cuando se trata de lidiar con el diablo.

No somos rivales para el diablo, si tenemos la más mínima amargura en nuestros corazones. Tan pronto como Pablo dijo que no debemos entristecer al Espíritu Santo de Dios, agregó: "Quítense de vosotros toda amargura, enojo, ira" y concluyó: "Perdonaos unos a otros, como Dios también os perdonó a vosotros en Cristo" (Efesios 4:30-32, RVR1960). La amargura y la falta de perdón no son la única manera en que podemos entristecer al Espíritu Santo, pero es la principal forma en que lo entristecemos. Es por eso que Pablo menciona esto primero después de su advertencia de que no entristezcamos al Espíritu.

La amargura abre la puerta de nuestros corazones a Satanás. No digo que el diablo posea a aquellos que luchan por perdonar. Todos luchamos en esta área. Pero Pablo hizo asombrosamente claro que el diablo puede engañarnos fácilmente si no perdonamos (2 Corintios 2:11). Dios no flexibilizará la regla para ninguno de nosotros.

Aunque los dones son "irrevocables" (Romanos 11:29, RVR1960), lo que quiere decir que la espiritualidad no tiene nada que ver con obtener o mantener un don, lo opuesto es cierto al entrar en guerra espiritual como Pablo lo describe en Efesios 6:10-18.

Habiendo enfatizado la importancia de deshacerse de la amargura y perdonar totalmente a aquellos que nos han herido (Efesios 4:30-32), Pablo destaca la importancia y las implicaciones de la pureza sexual (Efesios 5:1-28). Luego insta a que los esposos amen a sus esposas como a sus propios cuerpos (Efesios 5:28) y a los siervos que respeten a sus amos (Efesios 6:5-9). Es en este punto dice: "Por lo demás, hermanos míos, fortaleceos en el Señor, y en el poder de su fuerza" (Efesios 6:10, RVR1960). Nos guste o no, él no está tratando con un don espiritual en el resto del Libro de Efesios sino con una relación cercana con el Señor Jesús. Sabiendo lo que dirá respecto a que la guerra espiritual sea defensiva, prepara el escenario para el día malo diciéndonos que seamos fuertes en el Señor.

Este es un recordatorio sombrío de que, dado que los dones se retienen sin arrepentimiento u obediencia, por lo tanto, no son indicación de la espiritualidad de uno. El rey Saúl recibió el don de profecía (1 Samuel 10:9-12), que nunca perdió. En su camino para matar al joven David encontramos que su don estaba en buen funcionamiento: profetizando (1 Samuel 19:24). En un día en que algunos (tristemente) enfatizan el don —por encima del carácter, acompañado también con demasiada frecuencia de inmoralidad e irresponsabilidad financiera— las mismas personas a menudo se ven posando como expertos en guerra espiritual. Es mi opinión que Dios está harto de esto.

Todo lo que sigue en Efesios 6 se basa en la suposición de que la guerra espiritual es defensiva. Vimos anteriormente que la palabra *resistir* muestra esto. Pero no solo eso; todas las descripciones comprueban que no somos la ofensiva sino la defensa. Tomamos nuestra "posición" con "toda la armadura de Dios". Además:

- "Manténganse firmes, ceñidos con el cinturón de la verdad" (v. 14). El cinturón mantiene toda la armadura junta. El cinturón de la verdad significa que para poder resistir al diablo en el día malo uno debe estar seguro de que Dios defiende la "verdad" frente a Satanás, que es el padre de mentiras (Juan 8:44). Muestra también que debemos saber lo que creemos y por qué. Estamos confiados cuando sabemos que la verdad está de nuestro lado y que estamos del lado de la verdad.

- "Y vestidos con la coraza de justicia" (v. 14). Estamos protegidos por la sangre de Jesús y la justicia imputada de Dios. Esa cobertura de defensa es lo que nos da confianza. Si fuera nuestra propia justicia, que puede fluctuar de día en día, estaríamos mal equipados para resistir a Satanás. Pero la justicia de Cristo nos asegura que estamos en terreno sólido. Un himno es relevante aquí:

Mi esperanza está construida sobre nada menos que la sangre de Jesús y su justicia.

No me atrevo a confiar en el marco más dulce sino que me apoyo completamente en el nombre de Jesús.

En Cristo la roca sólida estoy, todo otro terreno es arena movediza.

—Edward Mote (1797-1874)[1]

- "Y calzados los pies con el apresto del evangelio de la paz" (v. 15, RVR1960). No estamos descalzos. Necesitamos estar listos para movernos. Preparados. El evangelio de la paz se entiende de dos maneras: la paz con Dios (nuestra justificación) y la paz de Dios (el sentido de su presencia).
- "Sobre todo, tomad el escudo de la fe" (v. 16, RVR1960). El escudo es para protección cuando estamos siendo atacados. En el día malo, por lo tanto, tenemos el escudo como protección. El escudo de la "fe" es cuando sabemos cómo "apagar todos los dardos de fuego del maligno". Satanás es nuestro acusador; intentará socavar nuestra

confianza en la sangre de Jesús. Nos recordará cada falta que cometamos. Aquí hay otro himno relevante, este de John Newton: "Sé tú mi escudo y lugar de refugio, que, refugiado cerca de tu lado, pueda enfrentar a mi fiero acusador, y decirle que tú has muerto".[2]

- "Y tomad el yelmo de la salvación" (v. 17, RVR1960). Como el yelmo se ajusta en la cabeza, esto se refiere a nuestra mente. Esto significa pensar claramente. Doctrina sólida. Si alguien hace la voluntad de Dios, podrá conocer la verdad del error (Juan 7:17). Sin embargo, como Pablo se refiere al yelmo de la "salvación", quiere poner su sello en lo que ha enseñado anteriormente en este libro: que la salvación es por gracia mediante la fe, no de nosotros mismos; no por obras para que nadie se gloríe (Efesios 2:8-9).

- "Y la espada del Espíritu, que es la palabra de Dios" (v. 17, RVR1960). De la boca de Jesús salió una "espada aguda de dos filos" (Apocalipsis 1:16). El Nuevo Testamento ama la analogía de la Palabra de Dios como una espada de dos filos (Hebreos 4:12). Esto también muestra cómo las palabras *rhema* (Efesios 6:17) y *logos* (Hebreos 4:12) pueden usarse indistintamente.

- "Orando en todo tiempo con toda oración y súplica en el Espíritu" (v. 18, RVR1960). Judas se refiere a "orando en el Espíritu Santo" (Judas 20). Pablo dice que cuando no sabemos por qué orar, el Espíritu Santo intercede por nosotros "con gemidos indecibles" (Romanos 8:26). ¿Significa esto orar en lenguas? Casi con certeza. Corresponde a la enseñanza de Pablo en 1 Corintios 14:2.

- "Con toda oración y súplica" (v. 18, RVR1960). Pablo se refiere tanto a la oración como a la súplica (por ejemplo, petición) en Filipenses 4:6. Ten en cuenta que estos versículos en Efesios 6:14-18 son lo que nos prepara para el día malo. En otras palabras, no esperes hasta que llegue el día malo para empezar a orar. ¡Puede ser demasiado tarde entonces! Mantén una vida de oración firme y consistente junto con todo lo demás que Pablo nos pone.

Es difícil saber en qué punto Pablo termina sus instrucciones para nuestra preparación porque dice: "Y por mí" (v. 19, RVR1960). Creo que cambió de tema.

EL CAMINO A SEGUIR RESUMIDO

Primero, sugiero que ores diariamente por el derramamiento de la sangre de Jesús. Hablo por mí mismo. Después de una taza de té o café cada mañana, reclamo la promesa de que debemos "creer en el amor" que Dios tiene por nosotros (1 Juan 4:16) y simultáneamente pido la misericordia de Dios (Hebreos 4:16). He hecho esto durante años. Nunca superamos la necesidad de pedir su misericordia. Luego oro por el derramamiento de la sangre de Jesús para que descanse sobre mí. ¿Para qué? Para limpieza y para pensar claramente.

El derramamiento de la sangre de Cristo se declara explícitamente dos veces en el Nuevo Testamento y otra vez implícitamente: (1) El escritor de Hebreos dice que en la oración nos acercamos a Jesús y "la sangre rociada" (Hebreos 12:24). Esto se refiere al lugar santo celestial donde la sangre de Cristo fue rociada (Hebreos 9:5); (2) Pedro se refiere a la obediencia a Jesucristo y "al rociado de su sangre" (1 Pedro 1:2, RVR1960). ¿Qué significa esto? Por el Espíritu Santo aplicando la sangre continuamos disfrutando del beneficio de la sangre de Cristo. Jesús murió una vez por todas. Esto asegura nuestra salvación eterna. Pero como tenemos una relación continua con Dios, la sangre se aplica para la limpieza continua; (3) Juan enseña esto implícitamente, que si andamos en la luz como él está en la luz, tenemos comunión con él y "la sangre de Jesús, su Hijo, nos limpia de todo pecado" (1 Juan 1:7, RVR1960).

Cuando sabes que el diablo odia algo, hacer lo opuesto es sabio. Satanás odia la sangre de Jesús por razones que hemos mostrado anteriormente, a saber, condujo a su caída. Además, vencemos por la sangre del Cordero y la palabra de nuestro testimonio.

Segundo, conoce quién es tu verdadero enemigo. Cuando Pablo dijo que no luchamos contra carne y sangre, estaba diciendo: "Mi enemigo no es un ser humano". Podría decir: "Mi enemigo no es Alejandro el calderero ni Demas". (Ver 2 Timoteo 4:10, 14). Esto es en parte, por qué podía decir: "No luchamos contra carne y sangre"; ¡algunos pueden hacer esto, pero no yo! Y sin embargo, el diablo intentará hacerte enfocar en personas, en individuos que intentan derribarte.

He tenido un buen número de pruebas y tentaciones en mi ministerio de sesenta y cinco años. En mis primeros días, me avergüenza admitirlo, me concentré en una persona o en otra. Pero al fin llegué a ver que eso es precisamente lo que el diablo quería que hiciera. Él puede influir en nuestro enemigo para decir cosas hirientes y dañinas. Recuerdo que en 1963 en mi iglesia en Carlisle, Ohio, había un hombre que odiaba mi predicación sobre la deidad de Jesús. Incluso dijo que prefería leer *La Atalaya* (la revista de los Testigos de Jehová) que mi folleto semanal llamado *La llama de Fairview*. Entonces consideré a ese hombre personalmente como mi enemigo. Pero Pablo me reprendería hoy y diría: "No. ¡Ese hombre no es el enemigo! ¡El enemigo es Satanás!". He aprendido un poco más sobre la guerra espiritual desde entonces.

Tercero, dignifica cada prueba. Esto cumple con la exhortación de Pablo: "Fortalézcanse en el Señor". ¿Cómo se fortalece uno en el Señor? Aprende el secreto de la gratitud. A Dios le encanta la gratitud. Él odia la ingratitud. La gratitud debe ser enseñada. He aprendido la gratitud en gran parte al aprender a dignificar las pruebas. Me sonrojo al confesar que fui un quejumbroso y murmurador de lo peor durante mucho tiempo.

Dignificar la prueba significa justo lo que la frase implica: tratas una prueba con respeto, honor y dignidad. Después de todo, ¡es de Dios! Una promesa de alegría. Aférrate a estas palabras del extraordinario himno "Como un río glorioso":

> Cada alegría o prueba, cae de arriba,
> Trazada en nuestro dial por el Sol de amor.
> Podemos confiar plenamente en él, todo para
> nosotros hacer;
> Aquellos que confían plenamente en él lo
> encuentran completamente verdadero.
> —Frances R. Havergal (1836-1879)[3]

A continuación tenemos seis principios a seguir:

1. Acéptala; no la rechaces. Desde el principio trata la prueba como si un ángel llamara a tu puerta.
2. Saber que es de Dios con un propósito; no es en vano. Algún día será claro.
3. Recuerda que cada prueba tiene un lapso de tiempo establecido; terminará. Podría terminar de repente. Dios conoce el final desde el principio.
4. Agradece a Dios por confiarte esta preciosa oportunidad. Eres especial. Puede que nunca vuelva como esto otra vez.
5. No te quejes. No pronuncies una palabra negativa durante su periodo de tiempo. Como lo puso un antiguo refrán: En la cruz, Jesús nunca pronunció una "palabra quejumbrosa".
6. No trates de acelerar su final; obtén el beneficio completo del plan de Dios para ti en esta prueba.

No vivas con el arrepentimiento de haber abortado la prueba antes de que terminara.

Cuarto, vuelvo al perdón total. Comenzamos con esto; terminamos con ello. Si he aprendido algo con ser pastor o predicador en mi vida, es que nadie supera la necesidad de que se le hagan recordatorios repetidos. Lo siento, pero se necesita en todas partes. ¿Por qué? Porque olvidamos demasiado pronto.

El Padre Nuestro, en mi opinión sincera, debería orarse diariamente, no de memoria ni rápido, cuando no se pronuncia con el corazón, sino cuando realmente creemos lo que oramos. Cuando Jesús terminó de enseñar a los discípulos esta oración en el Sermón del Monte (Mateo 6:8-13), agregó una aplicación: "Porque si perdonáis a los hombres sus ofensas, os perdonará también a vosotros vuestro Padre celestial; mas si no perdonáis a los hombres sus ofensas, tampoco vuestro Padre os perdonará vuestras ofensas" (Mateo 6:14-15, RVR1960). Esta aplicación, dada inmediatamente después de esta oración histórica, muestra lo más importante sobre la oración. Es casi como si esta fuera la razón misma de la oración.

La petición de perdón en el Padrenuestro es para que podamos tener una comunión ininterrumpida con el Padre. No es una oración para salvación; tampoco es una condición para salvación. Es el camino a seguir para heredar el reino de los cielos, el tema del Sermón del Monte. Es el camino, el único camino, para experimentar y disfrutar del Espíritu Santo no entristecido.

El perdón entonces debe ser continuo; es un compromiso de vida. Lo llamo una "sentencia de por vida", como cuando tu médico prescribe una pastilla y te dice: "Necesitas tomar este comprimido el resto de tu vida". Así también es el perdón. Es el mejor antídoto que conozco para frustrar los planes del diablo. Él tiene un plan. "Cada vez que perdonas decepcionas al diablo", dijo Rick Warren. ¡Sigue haciendo eso!

Conclusión

El miedo puede ser bueno, malo o feo. Cuando tememos al hombre, nos preocupa más lo que piensan los demás que lo que piensa nuestro Dios. Esto conduce, con frecuencia, a la depresión y al fracaso. El miedo satánico es aun peor; produce opresión demoníaca y, a veces, hasta la muerte. Pero el temor de Dios nos lleva a la paz. Crea un sentimiento de maravilla que nos hace conscientes de cuán real es Dios, lo cual nos lleva al verdadero conocimiento y a la sabiduría auténtica.

El miedo no tiene por qué gobernar tu vida. Cuando le das al temor de Dios tu mayor prioridad, puedes caminar libre del temor maligno. Avanzas con valentía y confías verdaderamente en Dios y en sus promesas. Así que decide agradar al Señor y afirma tu autoestima al ganarte la aprobación de Dios. Cuando haces eso, el temor al hombre pierde su poder sobre ti y puedes vivir con audacia en Cristo Jesús.

Esta es mi oración por ti. Que Dios Padre, Dios Hijo y Dios Espíritu Santo estén contigo y permanezcan contigo ahora y siempre. Amén.

Notas

Introducción
1. John Newton, "Amazing Grace!", Hymnary.org, https://hymnary.org.

Capítulo 1
1. Yogi Berra, BrainyQuote, accessed September 13, 2021, www.brainyquote.com.
2. Fanny Crosby, "Pass Me Not, O Gentle Savior," Hymnary.org, https://hymnary.org.

Capítulo 3
1. William M. Greathouse, *The Fullness of the Spirit* (Nazarene Publishing House).

Capítulo 4
1. Dr. Josef Tson is an evangelist and the former president of the Romanian Missionary Society.

Capítulo 5
1. Helen Howarth Lemmel, "Turn Your Eyes Upon Jesus," Hymnary.org, https://hymnary.org.
2. Charles Spurgeon (@Spurgeon_), "I looked at Christ, and the dove of peace filled my heart. I looked at the dove, and it flew away," reposted on Twitter, January 24, 2016, https://twitter.com.
3. W. Somerset Maugham, *Of Human Bondage* (George H. Doran.
4. William Shakespeare, *Hamlet*, Act 1, Scene 3, 78-82, accessed September 22, 2021, www.enotes.com.

Capítulo 6
1. John Piper, *Risk Is Right: Better to Lose Your Life Than to Waste It* (Crossway).
2. "Article #5," Christian History Institute, accessed September 23, 2021, https://christianhistoryinstitute.org.

3. "Article #7," Christian History Institute, accessed September 23, 2021, https://christianhistoryinstitute.org.
4. "Hugh Latimer," Wikiquote, accessed September 23, 2021, https://en.wikiquote.org.
5. "John Bradford: English Reformer and Martyr," Christian Classics Ethereal Library, accessed September 23, 2021, www.ccel.org.

Capítulo 7
1. Charles Creitz, "Cardinal Dolan Shares Pope Francis' Message for Coronavirus-Ravaged NYC," Fox News, April 16, 2020, www.foxnews.com.

Capítulo 8
1. "Martyn Lloyd-Jones Quotes," AZ Quotes, accessed October 6, 2021, www.azquotes.com.

Capítulo 10
1. Edward Mote, "My Hope Is Built on Nothing Less," Hymnary.org, https://hymnary.org.
2. John Newton, "Pleading His Gracious Name," Hymnary.org, https://hymnary.org.
3. Frances R. Havergal, "Like a River, Glorious," Timeless Truths, https://library.timelesstruths.org.